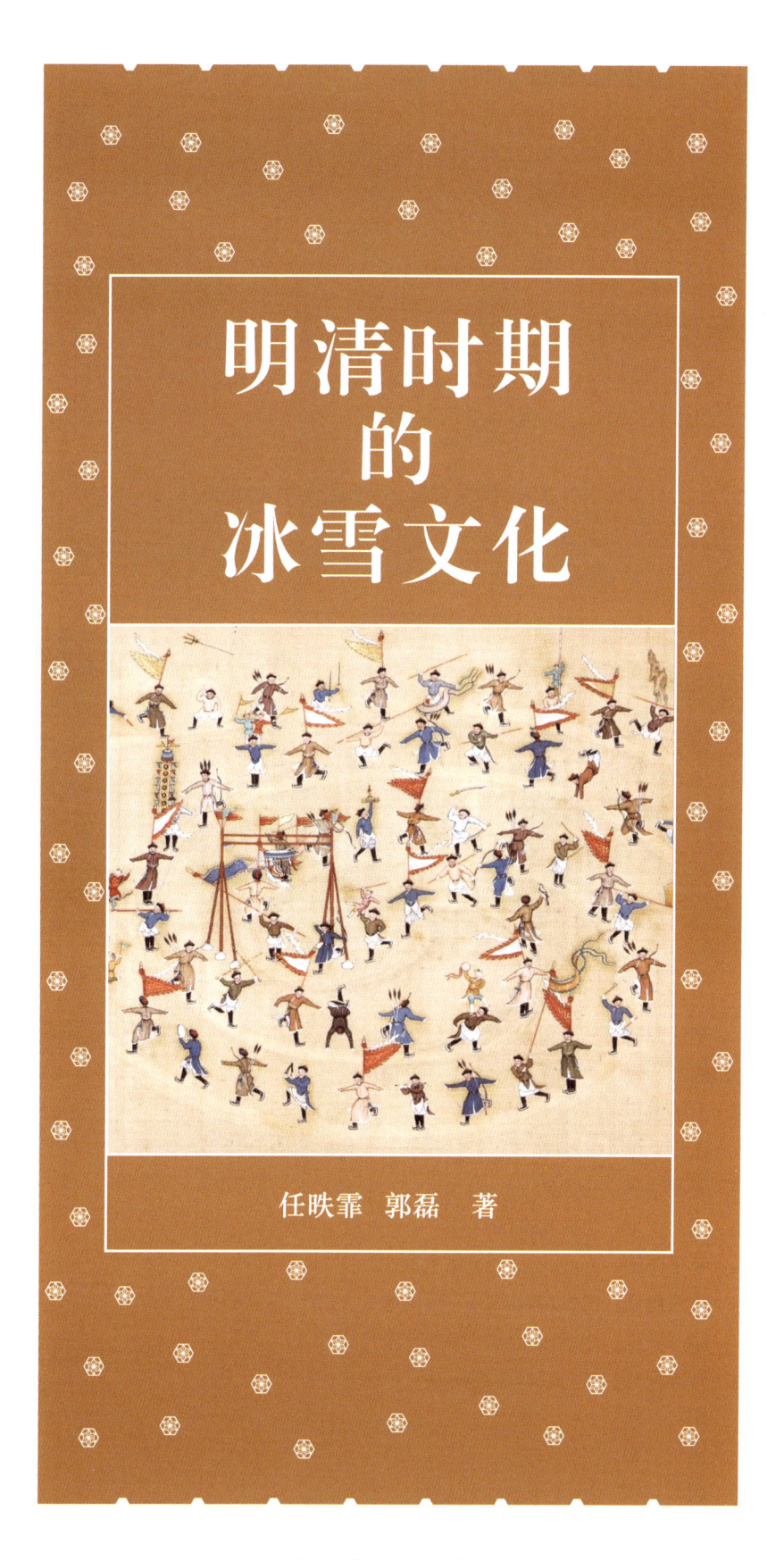

中·华·冰·雪·文·化·图·典·

明清时期
的
冰雪文化

任昳霏 郭磊 著

学苑出版社

图书在版编目（CIP）数据

明清时期的冰雪文化/任昳霏，郭磊著. — 北京：学苑出版社，2024.1

（中华冰雪文化图典/张小军主编）

ISBN 978-7-5077-6450-5

Ⅰ. ①明… Ⅱ. ①任… ②郭… Ⅲ. ①冰－文化史－中国－明清时代－图集②雪－文化史－中国－明清时代－图集 Ⅳ. ① G122-64

中国版本图书馆 CIP 数据核字（2022）第 120865 号

出 版 人：洪文雄
责任编辑：杨　雷　张敏娜
编　　辑：李熙辰　李欣霖
出版发行：学苑出版社
社　　址：北京市丰台区南方庄 2 号院 1 号楼
邮政编码：100079
网　　址：www.book001.com
电子邮箱：xueyuanpress@163.com
联系电话：010-67601101（营销部）、010-67603091（总编室）
印 刷 厂：中煤（北京）印务有限公司
开本尺寸：889 mm×1194 mm　1/16
印　　张：10
字　　数：139 千字
版　　次：2024 年 1 月第 1 版
印　　次：2024 年 1 月第 1 次印刷
定　　价：98.00 元

《中华冰雪文化图典》编委会

主　编： 张小军　洪文雄

副主编： 方　征　雷建军

编　委：（按姓氏笔画排序）

　　　　　王卫东　王建民　王建新　王铁男　扎西尼玛
　　　　　方　征　白　兰　吕　植　任昳霏　任德山
　　　　　李作泰　李　祥　杨宇菲　杨福泉　吴雨初
　　　　　张小军　单兆鉴　居·扎西桑俄　　洪文雄
　　　　　洛桑·灵智多杰　高煜芳　郭　净　郭　磊
　　　　　萧泳红　章忠云　梁君健　董江天　雷建军
　　　　　潘守永

人类的冰雪纪年与文化之道（代序）

人类在漫长的地球演化史上一直与冰雪世界为伍，创造了灿烂的冰雪文化。在新仙女木时期（Younger Dryas）结束的1.15万年前，气候明显回暖，欧亚大陆北方人口在东西方向和南北方向形成较大规模的迁徙。从地质年代上，可以说1.1万年前的全新世（Holocene）开启了一个气候较暖的冰雪纪年。然而，随着工业革命以来人类对自然环境的破坏，"人类世（The Anthropocene）"概念惨然出现，带来了又一个新的冰雪纪年——气候急剧变暖、冰雪世界面临崩陷。人类世的冰雪纪年与人类活动密切相关，英国科学家通过调查北极地区海冰融化的过程，预测北极海冰可能面临比以前想象更严峻的损失，最早在2035年将迎来无冰之夏。197个国家于2015年通过了《巴黎协定》，目标是将21世纪全球气温升幅限制在2℃以内。冰雪世界退化是人类的巨大灾难，包括大片土地和城市被淹没，瘟疫、污染等灾害大量出现，粮食危机和土壤退化带来生灵涂炭。因此，维护世界的冰雪生态，保护人类的冰雪家园，正在成为全世界的共识。

中华大地拥有世界上最为丰富的冰雪地理形态分布，中华冰雪文化承载了几千年来博大精深的优秀传统文化，蕴含着人类冰雪文化基因图谱。在人类辉煌的冰雪文明中，中华冰雪文化是生态和谐的典范。文化生态文明的核心价值是人类与自然之间的文化多样性共生、文化尊重与包容。探讨中华冰雪文化的思想精髓和人文精神，乃是冰雪文化研究的宗旨与追求。《中华冰雪文化图典》是第一次系统研究中华冰雪文化的成果，分为中华冰雪历史文化、雪域生态文化和冰雪动植物文化三个主题共15本著作。

一

中华冰雪历史文化包括古代北方的冰雪文化、明清时期的冰雪文化、民国时期的冰雪文化、冰雪体育文化和中华冰雪诗画。

古代北方冰雪文化的有据可考时在旧石器时代晚期到新石器时代前期。在贝加尔湖到阿尔泰山的欧亚大陆地区，曾发现多处描绘冰雪狩猎的岩画。在青藏地区以及长白山和松花江流域等东北亚地区，也发现了许多这个时期表现自然崇拜和动植物生产的岩画。考古学家曾在阿勒泰市发现了一幅约1万年前的滑雪岩画，表明阿勒泰地区是古代欧亚大陆冰雪文化的重要起源地之一。关于古代冰雪狩猎文化，《山海经·海内经》早有记载，且见于《史记》《三国志》《北史》《通典》《隋书》《元一统志》等许多古籍。古代游牧冰雪文化在新疆的阿尔泰山、天山、喀喇昆仑山三大山脉和准噶尔、塔里木两大盆地尤为灿烂。丰富的冰雪融水和山地植被垂直带形成了可供四季游牧的山地牧场，孕育了包括喀什、和田、楼兰、龟兹等20多个绿洲。古代冰雪文化特有的地缘文明还形成了丝绸之路和多民族交流的东西和南北通道。

明清时期冰雪文化的特点之一是国家的冰雪文化活动，特别是宫廷冰嬉，逐渐发展为国家盛典。乾隆曾作《后哨鹿赋》，认为冰嬉、哨鹿和庆隆舞三者"皆国家旧俗遗风，可以垂示万世"。冰嬉规制进入"礼典"则说明其在礼乐制度中占有重要位置。乾隆还专为冰嬉盛典创作了《御制冰嬉赋》，将冰嬉归为"国俗大观"，命宫廷画师将冰嬉盛典绘成《冰嬉图》长卷。面对康乾盛世后期的帝国衰落，如何应对西方冲击，重振国运，成为国俗运动的动力。然而，随着国运日衰，冰嬉盛典终在光绪年间寿终正寝，飞驰的冰刀最终无法挽救停滞的帝国。

民国时期的冰雪文化发生在中国社会的巨大转型之下，尤其体现在近代民族主义、大众文化、妇女解放和日常生活之中。一些文章中透出滑冰乃"国俗""国粹"之民族优越感，另一类滑冰的民族主义叙事便是"为国溜冰！溜冰抗日！"使我们看到冰雪文化成为一种建构民族国家的文化元素。与之不同，在大众文化领域，则是东西方文化非冲突的互融。如北平的冰上化装舞会等冰雪文化作为一种日常生活的文化实践，在东方与西方、传统与现代、精英与百姓、国家与民众的文化并接过程中扮演了重要的角色，形成了中西交融、雅俗共赏、官民同享的文化转型特点。

近代中国社会经历了殖民之痛，一直寻求着现代化的立国之路。新文化运动后，舶来的"体育"概念携带着现代性思想开始广泛进入学校。当时清华大学、燕京大学、南开大学等均成立了冰球队，并在与外国球队比赛中取得不俗战绩。1949年新中国成立后，"发展体育运动，增强人民体质"成为"人民体育"发展的基本原则，广泛推动了工人、农民和解放军的冰雪体育，为日后中国逐渐跻身冰雪体育强国奠定了基础。

中华冰雪诗画是一道独特的风景线。早在新石器和夏商周时代，已经有了珍贵的冰雪岩画。唐宋诗画中诗雪画雪者很多，唐代王维的《雪中芭蕉图》是绘画史上的千古之争，北宋范宽善画雪景，世称其"画山画骨更画魂"。国家兴衰牵动许多诗画家的艺术情怀，如李白的《北风行》写出了一位思念赴长城救边丈夫的妇人心情："……箭空在，人今战死不复回。不忍见此物，焚之已成灰。黄河捧土尚可塞，北风雨雪恨难裁。"表达了千万个为国上战场的将士家庭，即便能够用黄土填塞黄河，也无法平息心中交织的恨与爱。

二

雪域生态文化包括冰雪民族文化、青藏高原山水文化、卡瓦格博雪山与珠穆朗玛峰。

中华大地上有着世界之巅珠穆朗玛峰和别具冰雪文化生态特点的青藏雪域高原；有着西北阿尔泰、天山山脉和祁连山脉；有着壮阔的内蒙古草原和富饶的黑山白水与华北平原；有着西南横断山脉。雪域各族人民在广袤的冰雪地理区域中，创造了不同生态位下各冰雪民族在生产、生活和娱乐节庆等方面的冰雪文化，如《格萨尔》史诗生动描述的青稞与人、社会以及多物种关系的文化生命体，呼唤出"大地人（autochthony）"的宇宙观。

青藏高原的山水文化浩瀚绵延，在藏人的想象中，青藏高原的形状像一片菩提树叶，叶脉是喜马拉雅、冈底斯、唐古拉、巴颜喀拉、昆仑、喀喇昆仑和祁连等连绵起伏的山脉，而遍布各地的大大小小的雪山和湖泊，恰似叶片上晶莹剔透的露珠，在阳光的照耀下熠熠生辉。青藏高原上物种丰富的生态多样性体现出它们的"文化自由"。人类学家卡斯特罗（E. de Castro）曾提出"多元自然论（multinaturalism）"，反思自然与文化的二元对立，强调多物种在文化或精神上的一致性，正是青藏高原冰雪文化体系的写照。

卡瓦格博雪山（梅里雪山）最令世人瞩目的是其从中心直到村落的神山体系。如位于卡瓦格博雪峰西南方深山峡谷中的德钦县雨崩村，是卡瓦格博地域的腹心地带，有区域神山3座，地域神山8座，村落神山15座。卡瓦格博与西藏和青海山神之间还借血缘和姻缘纽带结成神山联盟，既是宗教的精神共同体，也是人群的地域文化共同体。如此无山不神的神山体系，不仅是宇宙观，也是价值观、生活观，是雪域高原人类的文明杰作。

珠穆朗玛峰白雪皑皑的冰川景观，距今仅有一百多万年的历史。然而，近半个世纪来，随着全球变暖，冰川的强烈消融向人类敲响了警钟。从康熙年间（1708—1718）编成《皇舆全览图》到珠峰出现在中国版图上，反映出中西方相遇下的帝国转型和主权意识萌芽。从西方各国的珠峰探险，到英国民族主义的宣泄空间，再到清王朝与新中国领土主权与尊严的载体，珠峰"参与"了三百年来人与自然、科技与多元文化的碰撞，成为世人瞩目的人类冰雪文化的历史表征。今天，世界屋脊的自然生态和文化生态保护形势异常严峻，拉图尔（B. Latour）曾经这样回答"人类世"的生态难题：重新联结人类与土地的亲密关系，倾听大地神圣的气息，向自然万物请教"生态正义（eco-justice）"，恭敬地回到生物链上人类应有的位置，并谦卑地辅助地球资源的循环再生。

三

冰雪动植物文化包括青藏高原的植物、猛兽以及牦牛、藏鹀、猎鹰与驯鹿。

青藏高原的植物充满了神圣性与神话色彩。如佛经中常说到睡莲，白色睡莲象征慈悲与和平，黄色睡莲象征财富，红色睡莲代表威权，蓝色睡莲代表力量。青藏高原共有维管植物1万多种，有菩提树、藏红花、雪莲花、格桑花等国家一级保护植物和珍贵植物品种。然而随着环境的恶化和滥采乱挖，高原的植物生态受到严重威胁，令人思考罗安清（A. Tsing）在《末日松茸》中提出的一个严峻问题：面对"人类世"，人类如何"不发展"？如何与多物种共生？

在青藏高原的野生动物中，虎和豺被世界自然保护联盟列为等级"濒危"的物种，雪豹、豹、云豹和黑熊被列为"易危"物种。在"文革"期间及其之后的数十年中，高原猛兽一度遭到大肆捕杀。《可可西里》就讲述了巡山队员为保护藏羚羊与盗猎分子殊死战斗的故事，先后获得第17届东京国际电影节评委会大奖以及金马奖和金像奖，反映出人们保护人类冰雪动物家园的共同心向。

大约在距今200万年的上新世后半期到更新世，原始野牦牛已经出现。而在7300年前，野牦牛被驯化成家畜牦牛，成为人类生产、生活的重要伙伴。《山海经·北山经》有汉文关于牦牛最早的记载。牦牛的神圣性体现在神话传说中，如著名的雅拉香波山神、冈底斯山神等化身为白牦牛的说法；中华民族的母亲河长江，藏语即为"母牦牛河"。

青海藏南亚区位于青藏高原东南部边缘，地形复杂，多南北向深切河谷，植被垂直变化明显，几百种鸟类分布于此。特别在横断山脉及其附近高山区，存在部分喜马拉雅—横断山区型的鸟类，如雉鹑、血雉、白马鸡、棕草鹛、藏鹀等。1963年，中国科学院西北高原生物研究所科考队在玉树地区首次采集到两号藏鹀标本。目前，神鸟藏鹀的民间保护已经成为高原鸟类保护的一个典范。

在欧亚草原游牧生活中，猎鹰不仅是捕猎工具，更是人类情感的知心圣友。哈萨克族民间信仰中的"鹰舞"就是一种巴克斯（巫师）通鹰神的形式。哈萨克族人民的观念当中，鹰不能当作等价交换的物品，其价值是用亲情和友情来衡量的。猎鹰文化浸润在哈萨克族、柯尔克孜族牧民的生活中，无论是巴塔（祈祷）祝福词，还是婚礼仪式，以及给孩子起名，或欢歌乐舞中，都有猎鹰的影子。

驯鹿是泰加林中的生灵，"使鹿鄂温克"在呼伦贝尔草原生存的时间已有数百年。目前，北极驯鹿因气候变暖而大量死亡，我国的驯鹿文化也因为各种环境和人为原因而趋于消失，成为一种商业化下的旅游展演。费孝通的"文化自觉"，正是对禁猎后的鄂伦春人如何既保护民族文化又寻求生存发展所提出的："文化自觉"表达了世界各地多种文化接触中引起的人类心态之求。"人类发展到现在已开始要知道我们各民族的文化是哪里来的？怎样形成的？它的实质是什么？它将把人类带到哪里去？"

相信费孝通的这一世纪发问，也是对人类世的冰雪纪年"怎样形成？实质是什么？将把人类带向哪里？"的发问，是对人类冰雪文化"如何得到保护？多物种雪域生命体系如何可持续生存？"的发问，更是对人类良知与人性的世纪拷问！

《中华冰雪文化图典》丛书定位于具有学术性、思想性的冰雪文化普及读物，尝试展现中华优秀传统冰雪文化和冰雪文明的丰厚内涵，让"中华冰雪文化"成为人类文化交流互通的使者，将文明对话的和平氛围带给世界。以文化多样性、文化共生等人类发展理念促进人类和平相处、平等协商，共同建立美好的人类冰雪家园。

本丛书由清华大学社会科学学院人类学与民族学研究中心组织的"中华冰雪文化研究团队"完成。为迎接2022年北京冬季奥运会，2021年底已先期出版了精编版四卷本《中华冰雪文化图典》和中英文版两卷本《中华冰雪运动文化图典》。本丛书前期得到北京市社科规划办、清华大学人文振兴基金的支持，谨在此表示衷心的感谢！并特别向辛勤付出的"中华冰雪文化研究团队"全体同人、学苑出版社的编辑人员表示深深的谢意！感谢大家共同为中华冰雪文化研究做出的努力和贡献！

张小军

于清华园

2023年10月

前　言

明清时期，中国古代专制主义中央集权走向巅峰。在这样一个大时代里，既有疆域一统、民族交融、文化兴盛，也有中西碰撞、列强入侵、认同危机。明清冰雪文化随着传统王朝国家的兴盛而兴盛，又随着近代王朝国家的衰落而衰落。冰雪文化与国家命运息息相关，王朝国家的兴衰为我们了解明清冰雪文化的历史提供了重要参照。明朝继承了传统中原王朝的文化基因，并将这些文化基因传承到了清朝。清王朝的建立，将新鲜的北方民族文化基因再次注入中华文明之中，形成中原农耕文化与北方游牧渔猎文化相融合的大帝国。明清冰雪文化也反映出农耕文化与游牧渔猎文化融合之后的新特征。冰床和冰嬉是明清时期冬季冰雪文化最重要的载体，也充分体现了北方冰雪文化与中原冰雪文化逐步走向融合的历史进程。因此，本书将冰床和冰嬉分为两篇，按照时间顺序梳理冰床和冰嬉的发展历史。

清朝乾隆年间是冰床演进和冰嬉盛典形成的关键时期。乾隆十年（1745年）冰嬉盛典的形成，标志着北方冰雪文化与中原礼乐文明的融合。[1] 冰床和冰嬉都显示出一种融合之后的形态。

早在宋元时期，冰床已经成为冬季常用的交通工具。但在形制和驱动力上，北方地区与中原地区使用的冰床明显不同。北方地区流行的冰床多为曲辕，驱动力多为畜力。中原地区流行的冰床多为直辕，驱动力多为人力。此外，冰床在功能上还有载人和载物的区别，载人

---

[1] 这里所指的北方地区和中原地区，以明长城为界，长城以北是北方地区，长城以南是中原地区。

的冰床多为高冰床，载物的冰床多为矮冰床。明代宫廷流行的冰床都是中原地区流行的冰床样式。随着清军入关，满族先民将北方民族的旧俗带入关内。北方和中原地区的冰床逐渐融合。冰床成为冬季帝王乘坐的冰上交通工具和休闲娱乐工具。无论是清代冰嬉盛典还是宫廷冰嬉娱乐，都随处可见冰床的身影。此时的冰床，既不是传统形制的北方冰床，也不是中原冰床，而是同时吸收了北方和中原两地冰床特征而最终形成的样式。

冰嬉盛典与冰床的演化过程非常相似。在清军入关之前，满族先民就有冰上竞走、冰上踢球、冰上骑射等娱乐活动。清代冰嬉盛典既有南北冰床融合后的成熟形态，也包含了北方民族传统冰上活动的内容，还包括传统中原王朝宫廷娱乐的因素，可以说是北方与中原地区冬季冰雪文化的大集合。

在冰床形制演进和冰嬉盛典的形成过程中，人们逐渐产生了对清朝的"文化认同"。随着清代前期中西文化的碰撞冲突不断出现，清王朝选择在自身文化传统中汲取营养的重振国家文化之路。冰嬉在乾隆十年（1745年）被确定为"国俗"，成为清代国家礼乐制度的重要组成部分。从此，冰嬉承载了国家的"自我文化认同"和"天下生民"共同心理素质的构建。可以说，明清时期的冬季冰雪娱乐项目，经过明清两朝的演进之后，转变成为超越民族、超越地域、超越时空的国家盛典，是展现国家形象的重要出口。第一次鸦片战争之后，冰嬉盛典被迫停办。光绪十九年[1]，清廷恢复举办冰嬉盛典，则是近代以来，中华民族形成过程中，"自我文化认同"意识的集中体现。

中国传统冰雪运动文化，是中华优秀传统体育文化的重要组成部分。第二十四届冬季奥林匹克运动会在中国举办，关注传统中国冰雪运动的历史与文化，对于提高中国冰雪运动的文化自信有积极的意义，可以为中国冰雪运动的发展提供更根本、更深沉、更持久的力量，也可以为冬季奥林匹克运动注入中华传统文化的独特气质。

任映霏

1　光绪十九年举办的冰嬉盛典是在农历腊月，公历是 1894 年 1 月。

目 录

冰床篇

第一章　冰床溯源　　003

第一节　北方的狗车与法喇　　003

第二节　中原的凌床与拖床　　014

第二章　清代冰床　　023

第一节　清代宫廷冰床的历史　　023

第二节　清代宫廷冰床的形制　　033

第三节　清代民间冰床的历史　　036

冰嬉篇

第三章　冰嬉的形成　　053

第一节　天命十年：努尔哈赤的冰雪之路　　055

第二节　崇德七年：从"蹴鞠之戏"到国家典礼　　058

第三节　康熙年间："掷球之戏"的表演　　062

第四节　乾隆年间：冰嬉盛典的形成　　065

第四章　冰嬉盛典与礼制　　077

第一节　冰嬉与"国家"形象展演　　077

第二节　冰嬉与乾隆年间的礼制改革　　093

第五章　冰嬉盛典的兴衰　　101

第一节　乾隆年间的冰嬉盛典　　101

第二节　嘉庆道光年间的冰嬉盛典　　122

第三节　光绪年间的冰嬉盛典　　128

第六章　西方现代冰上运动的传入　　138

后　记　　143

冰床篇

第一章
冰床溯源

第一节　北方的狗车与法喇

一、北方民族的狗车与狗站

在漫长历史时期，北方民族在冰上和雪上使用的滑行工具没有明显的区分，大部分都是亦冰亦雪的滑行工具。文献记载中最多的冰雪滑行工具是木马和狗车。其中，狗车就是后来冰床的雏形，是北方民族冬季生活的重要交通工具。（图1-1）

狗车，元代文献中开始出现，是一种用动物拖拽，在冰雪上滑行的交通工具。元朝女真人善冰雪的风俗，要追溯到《元一统志》开元路使用狗车、木马的记载。《元一统志》记载："狗车以木为之，其制轻简，形如船，长一丈，阔二尺许，以数狗拽之。二者止可于冰上雪中行之。俗有狗车木马轻捷之便。狗车形如船，以数十狗拽之，往来

TRAINEAU TIRÉ PAR DES CHIENS

Tom. XVIII. N.º 27.   Page 515.

◀ 图 1-1　狗拉雪橇及滑雪者

《航海旅行记》（*Histoire Generale Des Voyages, Paris Didot [Paris] Simon 1750*）第 18 卷。

大约绘制于 18 世纪中期，反映了当时中国北方民族冬季使用狗拉雪橇以及滑雪场景

递运。木马形如弹弓，击足激行，可及奔马。二者止可冰雪上行。"[1] 狗车是元代开元路常用的冬季交通工具，用木板制成，结构轻便简单，形状像船，首尾两端翘起，形成一定弧度，长度约 3 米，宽度约 0.6 米，推测高度较矮，才能与船的形状相似。狗车用狗作为牵引力，运送物品，既可以在冰面又可以在雪面上滑行。清代文献《满洲源流考》引用《元一统志》的记载，将狗车和木马作为满族先民的生活习俗记录下来。[2] 清朝《东三省舆地图说》援引《元一统志》的说法，对开元路的地域范围、主体民族和使用木马狗车的风俗进行了详细考辨。原文如下：

开元开原辨

元史开元路，古肃慎之地，隋唐曰黑水靺鞨。唐初渠长阿固郎始来朝后，乃臣服。以其地为燕州，置黑水府。其后渤海盛，靺鞨皆役属之。又其后渤海浸弱，为契丹所攻，黑水复擅其地。东滨海，南界高丽，西北与契丹接。元一统志，南镇长白之山，北浸鲸川之海，三京故国五国旧城，亦东北一都会也。开元劲捷善战，习尚射猎，有狗车木马轻捷利便。木马形如弹弓，长四尺，阔五寸，一左一右系于两足，激而行之雪中冰上，可及奔马。狗车以木为之，其制轻简，形如船，长一丈，阔二尺，以数狗曳之。二者皆行于冰雪中。据地理志，开元路，即唐黑水府是开元，在今黑龙江地面。据一统志，三京五国狗车木马云云，则由长白山至黑龙江，凡东北滨海诸地皆隶开元路也。狗车木马今自三姓以下，尚仍旧俗。[3]

1　（元）孛兰肹等著，赵万里校辑：《元一统志·卷二·开元路》，北京：中华书局，1966 年，第 221 页。

2　（清）阿桂等撰，孙文良、陆玉华点校：《满洲源流考·卷二十·国俗五·杂缀》，沈阳：辽宁民族出版社，1988 年，第 385 页。

3　（清）曹廷杰：《辽海丛书·东三省舆地图说》，沈阳：辽海书社，1934 年，第 2247 页。

元代开元路是隋唐时期黑水靺鞨的聚居区，也就是元代女真人的活动范围。生活在开元路的女真人，利用狗车、木马参与冰雪狩猎。狗车、木马的使用范围在开元路，即长白山至黑龙江的广大区域之内。到了清代，三姓赫哲人仍在使用。《新元史》记载："女真旧土有水达达万户府，兵民乏食。请赈，有司格其事不下，诉于硕德。命覈有司之侵匿者，给之。全活甚众。征东元帅府道沮洳，夏行舟，冬以犬驾杷驶冰上，硕德相山川形势，除道以通往来，人便之。"[1] 可见，在后世的理解中，女真人的狗拉爬犁就是元代文献中的狗车。

元代记载还有专门养狗和存放狗车的狗站，相当于汉地的驿站。《南村辍耕录》记载："高丽以北，别名别十八，华言连五城也。罪人之流奴儿干者，必经此。其地极寒，海亦冰，自八月即合，至明年四五月方解，人行其上，如履平地。征东行省每岁委官至奴儿干，给散因粮，须用站车，每车以四狗挽之。狗悉谙人性。站有狗分例，若尅减之，必啮其主者，至死乃已。"[2] 从这段文献可以看出，连五城是通向奴儿干[3]的必经之路，此地处在松花江和黑龙江下游流域一带，高寒近海，是女真人的活动地域。在这个区域，官方运输、给流放人员分发因粮，都要使用狗车。因此在主要交通干道沿线都建立了狗站，饲养训练专拉狗车的狗。每辆狗车由四只狗一同拖拽，狗站的狗有固定的分例。关于狗站，在《续通志》《元史》中也都有记载。元朝在辽阳行省内建立狗站，用于官方传递。关于狗站的描述，在《新元史》中更为清晰："狗站一十五处，元设站户三百，狗三千只，后除绝亡倒死处，实在站户二百八十九，狗二百一十八只。"[4]《新元史》记录的狗站、站户以及狗的数量还是相当可观的，可见，狗车在辽阳行省非常普及。官方狗站的设立和应用，是建立在狗车在当地普遍使

1　柯劭忞撰：《新元史·卷一百二十·列传第十七》，上海：开明书店，1935年，第265页。

2　（元）陶宗仪：《南村辍耕录·卷八·狗站》，北京：中华书局，1958年，第97页。

3　《元一统志》记载："东北曰哈州，曰奴儿干，城皆渤海、辽、金所建。"此地现在是俄罗斯的尼古拉耶夫斯克特林。

4　柯劭忞撰：《新元史·志第六十八·兵四》，上海：开明书店，1935年，第233页。

用的背景之下。在狗站设立之前，狗车早已经成为辽阳行省诸民族冬季出行的必备工具。

《辽东志》和《全辽志》是明代记录东北地区历史地理的重要方志。这两部志书里记载了明代的莽吉塔城和药乞站之间的狗站。莽吉塔城和药乞站位于现在黑龙江省抚远市黑瞎子岛的木克得赫屯。《全辽志·外志》记载："狗站，夏月乘船，小可乘载，冬月乘扒犁，乘二三人，行冰上，以狗驾拽，疾如马。"[1] 明代从莽吉塔城到满泾站，也就是乌苏里江口到亨滚河口，有狗站二十三处。夏季沿河道乘船，冬季乘狗车。

清代《清文献通考》记载赫哲族使用狗车的风俗引自《南村辍耕录》和《元一统志》。[2] 赫哲族与满族都是肃慎系民族，生活地区相邻，生活习惯相似。狗车是同属于满族、赫哲族先民的生活习俗，沿用至清代。乾隆时期绘制的《皇清职贡图·赫哲》仍沿用元代狗车（图1-2）。"夏航大舟，冬月冰坚则乘冰床，用犬挽之。"[3] 在《皇清职贡图》中，狗车被称为"冰床"。《清史稿·志三十二·地理四》记载，室韦直隶厅有根河，根河上源水势大而急，船不可逆流而上。但到了冬季，"河上可驾驶冰橇，每一日夜行三四百里"[4]。可见，在清朝生活于黑龙江流域的人们，保留了冬季驾驶狗车的风俗。《皇清职贡图》中的赫哲人，是野人女真的重要分支，清朝称为使犬部。《职贡图》上展现的是赫哲人最典型的生产方式和穿着打扮。长期的冰雪环境造就了赫哲人用狗车作为渔猎交通工具的风俗。

---

[1] （明）李辅：《全辽志·外志》，明嘉靖四十五年（1566年）修，清初抄本，美国加州大学伯克利分校藏。

[2] （清）张廷玉：《清文献通考·卷二百七十一·舆地三》，上海：商务印书馆，1936年，第7278—7279页。"自宁古塔东七百余里外，沿松花江大乌拉江，直至入海处两岸，为赫哲费雅哈部所居。其俗不知耕种，以捕渔为生。其来往行猎并皆以犬，即所谓使犬部也，俗亦谓之鱼皮部。考陶宗仪辍耕录称，征东行省，每岁委官至努儿干，须用站车。每车以四狗挽之，悉谙人性。元志称，其俗有狗车木马轻捷之便，狗车形如船，以数十狗曳之，往来递运。"

[3] （清）傅恒等纂，门庆安等绘：《皇清职贡图》，乾隆十六年（1751年）编，嘉庆十年（1805年）增修，内府刊本。卷三，第17-18页。

[4] 赵尔巽：《清史稿·志三十二·地理四》，北京：中华书局，1976年，第1981页。

赫哲所居地方之乌扎拉、洪科相接，性强悍，信鬼怪。男以桦皮为帽，冬则貂帽，多用狐皮，妇女帽如冕，鉴衣服边缀铜铃，亦与铠甲相似，以捕鱼射猎为生。色布连缀为线，以鱼皮而线，航大舟。冬月冰坚则乘冰床，用犬挽之。其土语谓之赫哲，话岁进貂皮。

◀ 图1-2 《皇清职贡图·赫哲》
(清)傅恒等纂,谢遂绘:《皇清职贡图》,台北故宫博物院藏。
清乾隆年间官方绘制的职贡图上,清晰地绘制出生活在东北地区的赫哲族使用的狗车

二、满族先民的法喇

生活在白山黑水之间的满族先民,冬天会使用法喇作为重要的运输工具。《满洲源流考》将法喇列为国俗杂缀项,并有详细记载。关于法喇的第一段记载是《御制吉林土风杂咏》中的一首。可见使用法喇是女真生活在吉林地区的旧俗,是满族先民的遗风。清代汪由敦《松泉集》中也记载了如下《法喇》诗:"似车无轮,似榻无足,覆席如龛,引绳如御,利行冰雪中,俗呼扒犁,以其底平似犁。盖土人为汉语耳。驾木施箱质莫过,致遥引重利人多。冰天自喜行行坦,雪岭何愁岳岳峨。骏马飞腾难试滑,老牛缓步未妨蹉。华轩诚有轮辕饰,人弗庸时奈若何。"[1]在咏法喇诗之后,有关于法喇的解释说明:"汉语为扒犁,即拕(拖)床也。服牛乘马取诸随,制器殊方未可移。似榻似车行以便,曰冰曰雪用皆宜。(似榻无足,似车无轮,以牛马挽行冰雪中,可以致远。)孤篷虽逊风帆疾,峻坡无愁衔橛危。太液拕床龙凤饰,(液池冬日则御拕床,其制有施毡幄及饰以龙凤者)。椎轮大辂此堪思。"[2]根据这些描述,我们可以了解清代皇家记录的法喇,和上文所说的狗车有区别,但与太液池中皇帝使用的拖床是同一种工具。

---

[1] (清)阿桂等撰,孙文良、陆玉华点校:《满洲源流考·卷二十·国俗五·杂缀》,沈阳:辽宁民族出版社,1988年,第376页。

[2] (清)阿桂等撰,孙文良、陆玉华点校:《满洲源流考·卷二十·国俗五·杂缀》,沈阳:辽宁民族出版社,1988年,第379页。

有关北方民族，特别是满族先民使用法喇的记载还大量出现在相关文献之中，又称冰床、拖床、凌床、爬（扒）犁，均指一种广泛使用在北方地区，在冰雪中主要靠畜力拉动前行的交通或运输工具。清代何秋涛所著史地专著《朔方备乘·拖床》中记载："拖床即冰床，也亦曰扒犁，满洲语曰法喇。"《黑龙江外纪》记载："曰扒犁，制如凌床而不施铁条，屈木为辕，驾之马，行雪上疾于飞鸟。"《异域录》记载："言楚库柏兴（今俄罗斯乌兰乌德）、厄尔口（今俄罗斯伊尔库次克）城皆有拖床。"由于北方地区冬季寒冷干燥，这些地方的法喇大多在雪地里使用，法喇的底部不安装铁条。与此同时，京城的冰床是在平整的冰面上运行的，靠人力拉动或推动前行，冰床的底部安装有铁条，行驶在冰面上更加快捷。

另据《黑龙江志稿·地理志》记载："扒犁，满洲语曰法喇。制如冰床，而不施铁条，屈木为辕，似露车，坐低傍轮，前有轭而高，架以牛或马，走冰雪上疾如飞。亦可施帷幕衾绸以御寒。赫哲人所用狗爬犁，形如小车而无轮，以细木性软者，削两辕，前半翘起上弯，后半贴地处，置四柱与四框，铺以板。如运重物，则于上弯处架犬二，人在上以鞭挥之，其速俞于奔马。"[1]法喇和京城的冰床是有明显区别的。法喇，满语本意是车辕。"屈木为辕"说明法喇的形制是两根曲木作为车辕，首尾翘起。辕上搭木架，铺木板，平整如小床。从形制上看，法喇和冰床有三点不同：第一，法喇不安装铁条，冰床安装铁条；第二，法喇是屈木为辕，而冰床是直木为辕；第三，法喇是北方民族在生产生活中使用的、亦冰亦雪的交通工具，而冰床是传统汉民族使用的冰上交通工具。法喇用牛马犬拉车，行走在冰雪之上，四周可以用帷幔来御寒，而冰床由人力驱动。

《满文老档》是记录建州女真迁徙到苏子河畔之后历史的文献，也是满洲入关前在东北地区进行各种活动的官方记录。《满文老

---

[1] 万福麟监修，张伯英总纂：《黑龙江志稿·卷六·地理志·风俗婚嫁》，哈尔滨：黑龙江人民出版社，1992年，第272–273页。

档》用新旧两种满文书写，是皇太极时期官修编年体史书，记载万历三十五年至天聪六年（1607—1632）以及崇德元年（1636年）的史事，是研究满族先民入关之前历史的重要史料。乾隆年间，又根据原本重新修改保存。《满文老档》中保存了很多有关满族先民善冰雪的历史记载，都是珍贵的文献资料。例如下段，满族先民利用雪橇搬运的记载。

《满文老档》天命六年十二月

> 瑷河户口三十日启程，新城户口初一启程。迁移之户口，一半步行，一半备有雪橇，妇孺皆乘雪橇。因途中带米不多，不敷食用，故遣人传谕清河路之人送米迎之。再者，迁往萨尔浒之户口，命送米至扎库穆迎之。……初三日，恩格德尔额附自蒙古还。捕鱼人归，无所收获。每牛录五人各带雪橇三具，取沈阳之米石，迎新城、瑷河户口于衙门。[1]

后金迁都辽阳之后，部分控制了辽东的汉人聚居地。辽东地区南部近海一带经常受到明军侵扰。为更有效地控制辽东，弱化明朝海上势力对辽东的威胁，努尔哈赤采取大量迁徙辽东汉人的政策。《满文老档》天命六年（1621年）十二月记载的迁徙汉民，就是在辽东汉人大量内迁辽北的背景下进行的。瑷河是鸭绿江的支流，属于现在丹东市的管辖范围，寒冬腊月瑷河徙民迁往萨尔浒。迁徙路程一半步行，一半乘坐雪橇。"雪橇"由满文翻译而来，也是指上文提到的法喇。因路途遥远，途中粮食不足，送米迎接的队伍同样用雪橇运送粮食。可见在辽东汉人内迁的过程中，雪橇成为主要交通工具，既可以运送货物，又可以供人乘坐。也就是在辽东地区，使用畜力拉拽的雪橇非常普及，成为冬季不可缺少的交通工具。另据《满文老档》记

---

[1] 中国第一历史档案馆：《内阁藏本满文老档·太祖朝·汉文译文》，沈阳：辽宁民族出版社，2010年，第98-99页。

载:"每牛录散给炭十筐,由牛录额真领取,不得稍有折损,妥为收藏,勿以马驮,宜备小雪橇载之。"[1]这说明除了在长途迁徙中使用雪橇之外,运送重要物品时,雪橇也是首选。和马驮相比,雪橇具有更平稳的特点,可以减少途中损耗。由此推测在纬度更高的萨尔浒城,雪橇也是冬季重要的运输工具。

《满文老档》天命八年三月

十三日,废止七条之事,更为五条。

查点新来人口,给以田、舍、席、器、斧、锅及妻、奴、衣等诸物,令其筑房并登记征收与赈济库粮等。此一条也。

巡查卡伦、台站、枪炮、踪迹及赴各屯查问天花、妇孺及逃人等。此一条也。

羁押擒获之人,刑戮应杀之人。筑高木栅及造舟船,架桥梁,繁殖牛只,杀猪,饲养牲畜等。此一条也。

送往迎来,收管所获之牲畜,于桥头征收交易税,清理街道污秽,管理茅厕,祭奠死者,传递信息,安排筵宴等。此一条也。

甲、盔、刀、枪、弓、矢、鞍、辔、蓑衣及箭罩、弓套、帐房、梯子、挡牌、车子、拖床、绵甲,每队十人所带十五日之物及察视骑乘,养肥马匹等。此一条也。[2]

作为一种基本的社会组织形式,八旗制度涉及满族人民生活中职官、法律、军功、教育、礼制、日常管理等各个方面。后金统治下的满洲社会根据八旗制度的要求进行社会整合管理。《满文老档》天命八年(1623年)三月十三日,记载了八旗社会日常管理的五条细则,

---

[1] 中国第一历史档案馆:《内阁藏本满文老档·太祖朝·汉文译文》,沈阳:辽宁民族出版社,2010年,第103页。

[2] 中国第一历史档案馆:《内阁藏本满文老档·太祖朝·汉文译文》,沈阳:辽宁民族出版社,2010年,第161-162页。

最后一条是为了适应战争需要规定的随时准备的战备物品。这些战备物品包括武器、服饰、生活物品及交通工具等。其中，"拖床"和"车子"并列，是战备交通工具。这说明在努尔哈赤统治时期，拖床在军事上的应用极为广泛，是军中必备物品。

法喇由元代开元路女真人使用的狗车演化而来，在清朝被确定为"国俗"的组成部分。法喇起初只是渔猎时运输货物的工具，后来逐渐演化为官方驿路传递的交通工具，最后成为帝王于庆典活动时乘坐的冰床，无论是功能还是形制，都发生了翻天覆地的变化。随着狗车与法喇逐渐融合，虽然文献中对这种交通工具的称呼不同，但无论是狗车、法喇、爬犁、拖床还是雪橇，其实都是同一种工具，并无实质区别。（图1-3）

△ 图1-3 北方的法喇
《清帝启运满汉诗集》，万卷出版公司，2016年，第210页

第二节　中原的凌床与拖床

一、宋元时期的凌床

凌床是北宋以来传统农耕地区冬季使用的冰上交通工具。《梦溪笔谈·讥谑》记载："信安、沧、景之间，……冬月作小坐床，冰上拽之，谓之凌床。余尝按察河朔，见挽床者相属，问其所用，曰：'此运使凌床'，'此提刑凌床也'，闻者莫不掩口。"[1]信安，位于现在河北霸州。这个区域在沈括写《梦溪笔谈》的时候，属于辽朝的统治范围。对生活在北宋的人们来说，这一区域纬度高，冬季河流结冰，具有开展冰上活动的自然环境。在信安一带，农历十一月制作小坐床，在冰上拖拽，称为凌床。人们坐在凌床之上，由外力拖拽，在冰上滑行。另据几乎生活在同一时代的宋人江休复在《醴泉笔录》里记载："雄霸沿边塘泊，冬月载蒲苇，悉用凌床，官员亦乘之。"雄霸即雄州和霸州，与《梦溪笔谈》记载使用凌床的区域基本吻合。这一区域处在永定河和滹沱河冲积扇交汇处，河流纵横，洼地众多，容易生长蒲苇等喜湿的植物。宋人记载雄州和霸州的洼地，冬季用凌床来运送蒲苇，有时官员也会乘坐。由此可知，北宋时期广泛使用的凌床，至少有载人和载物两种形制。

载人的凌床可坐三四人，在床的脚部安装铁条来减少摩擦，前面有人拉着前进，因此也称为"拖床"。凌床的形状是不尽相同的，一种凌床高二尺有余，长约五尺，宽约三尺，人坐其上可以将双腿垂在床侧，靠人力拉动前行。载物的凌床很低，靠人力在前拉动或站在凌床后部撑床前行。撑床所用的木杖有铁制的尖及钩子，平滑的冰面上用尖头撑床前行，如果遇到砂石等条件恶劣的冰面，则用钩子拉着前行，这种凌床又被称为"冰排子"。凌床的主要作用无外乎两种：交

▷图1-1　《元人太平有象图》
（元）《元人太平有象图》，台北故宫博物院藏。
画作记录了元代冬季，孩童们在冰上玩耍踢球和乘坐凌床的场景

---

[1]（宋）沈括撰，胡道静校注：《新校正梦溪笔谈》，北京：中华书局，1957年，第229页。

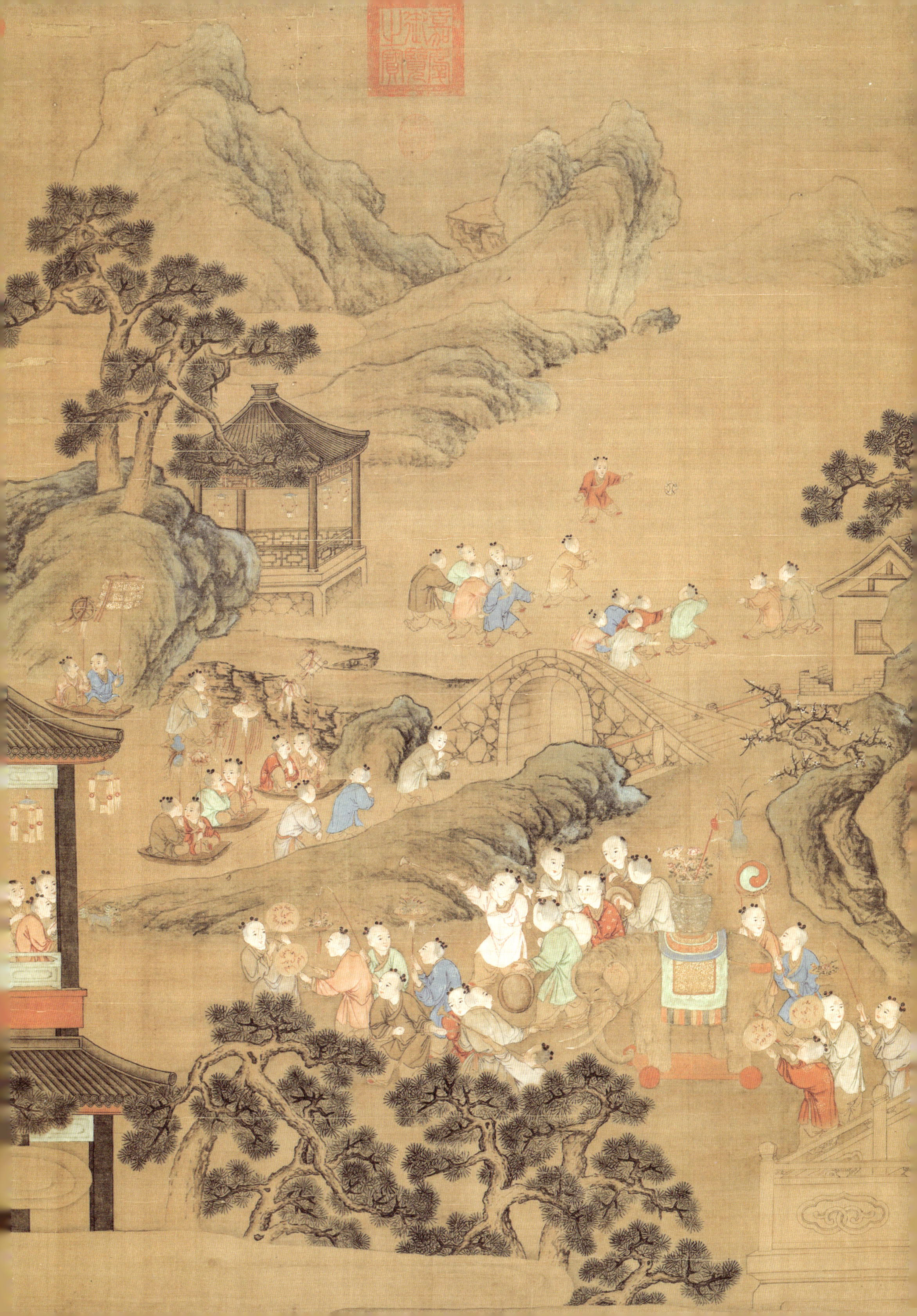

通工具和娱乐工具。

元代《元人太平有象图》，是一幅描绘新春海晏河清，太平吉祥景象的主题画作。这幅画作记录了元代冬季，孩童们在冰上玩耍踢球和乘坐凌床的场景（图1-4）。象的寿命长，且平稳厚重，被古人视为瑞兽。古人画作中经常出现象驮宝瓶的形象，寓意"太平有象"，反映天下太平的盛世景象。这幅《元人太平有象图》将冬季冰上娱乐项目，描绘到新春太平盛世的景象之中，为我们记录下元代凌床的真实形制。清代《石渠宝笈三编》将这幅画作收录其中，并附以简要说明："梅枝松干，水阁张灯，群儿或坐冰床，或蹴球，或曳象。击太平鼓，吹觱篥，前后拥之。"显然，冬季冰上娱乐项目，成为展现盛世景象的重要活动。

二、明代的拖床

北宋时期的凌床沿用到明代，被称为拖床。古老的北京城水面充盈，除了皇家的太液池、昆明湖等大块的水面外，积水潭、什刹海、护城河、通惠河等水域穿梭于城墙内外，这些水域为冰上活动提供了丰富的场所。在明代的北京城，拖床就已十分盛行。有的人在冬天拉拖床来养家糊口，如《明宫史·金集》载："每于河冻之后，近京贫民，群来趁食。于皇城内外，凡有冰处，拉拖床以糊口。"

北京太液池位于大内西苑，在元代是北海和中海的总称。到了明代，为了打造更加恢宏的皇家园林，挖南海堆景山，太液池成为北海、中海和南海的总称。到了冬天，太液池层冰坚冱，这里就成了戏冰的理想场所。明永乐皇帝朱棣在还没有迁都北京之前，就曾带百官欣赏太液池冰面上的美景。《明成祖实录》中记载："永乐十五年十一月壬申，金水河及太液池冰凝，具楼阁、龙凤、花卉之状，上赐群臣观之。"皇室成员在太液池上乘坐拖床的历史可追溯到明崇祯年间，宦官刘若愚在《酌中志》记载了万历至崇祯年间宫闱之事，其中就包括北京皇城河道内使用拖床的场景。

是河也，由北安门外药王庙西桥下入，萦回泓漾，蓄泄惟谨。莲藕鱼虾，味最鲜美。且葭苇茂密，水禽上下，俨若江南风景云。至冬冰冻，可拖床，以木板上加交床或藁荐，一人前引绳，可拉二三人，行冰如飞。积雪残云，点缀如画。世庙晚年尚玄修，多居西内。嘉靖壬寅正月十六日，皇太子自宫中往见，绝河冰而过。时阁臣夏言浣溪沙词曰："迎和门外日初晴，玉树琼枝照眼明，胡床稳坐渡层冰。此日人间点瑞雪，昨宵天上看华灯，朱衣凌晓禁中行。高阁春云护九重，日华晓色映茏葱，新年今日见东宫。龙凤姿容天日表，圣神根器帝王凤，老臣欢看万方同。"正咏此也。神庙临御久稀，禁网疏阔，每于河冰冻后，近京贫民于皇城内外，凡有冰处，拉拖床以糊口。遇雪满林皋，坐拖床者艳素杂遝，交拉如织，亦有兴豪乘醉而频往来者。至春冰将泮，间有沉溺损生，憨不畏也。[1]

从这段记载可以看出明代晚期北京城内使用拖床的细节，说的是嘉靖皇帝晚年，长期在大内西苑修道，皇太子乘坐拖床前去拜见的事。此时的拖床，一般是在木板上添加折叠椅（胡床），或者在木板上垫上草席，由一人牵引拖拽，可以坐两三个人，在围绕皇城的护城河内使用。嘉靖二十一年（1542年）正月十六，皇太子从冰面上坐拖床而过，进入宫中。这件事情被名臣夏言记录下来。拖床作为冰上交通工具，在元宵佳节期间，被宫廷贵族所用。"龙凤姿容天日表"一句，说明此时皇家拖床并没有外围帷幔，形制仍旧是木板上加装椅子的样式，所以才能看清太子的容貌。相同的记载还出现在《明宫史·金集》[2]中，如晚清饶智元撰《嘉靖宫词三十四首》中有诗写道："玉楼银殿雪婆娑，西水桥边冻不波。一霎胡床冰上过，主儿飞渡北

---

[1] （明）刘若愚：《酌中志·卷之十七·大内规制纪略》，北京：北京古籍出版社，1994年，第142页。

[2] （明）刘若愚等著：《明宫史》，北京：北京古籍出版社，1982年，第12页。

花河。"该诗注解中写道："西内太液池玉河桥（今北海大桥）下，长至冰合，竞作木床，牵渡冰上如飞，谓之拖床。"

皇帝乘坐拖床的历史可以追溯到天启皇帝。明天启年间（1621—1627），明熹宗朱由校喜欢独自坐拖床，宦官们前拉后推，在冰面上往来如风。《明宫杂咏·熹宗》记载两首关于明代皇帝乘坐拖床（诗内称"胡床"）的诗，描写的都是明熹宗：一首是"北风吹冻液池波，树里遥闻唤渡河。两岸丝绳齐努力，胡床安稳一经过"，另一首是"琉璃新结御河水，一片光明镜面菱。西苑雪晴来往便，胡床稳坐快云腾"。天启皇帝乘坐拖床，与百姓乘坐的拖床区别在于牵引方式的不同。百姓乘坐拖床，由一人在冰面上牵引拖拽。诗中提到皇帝乘坐的拖床则是由多人从两岸用绳索牵引。皇帝乘坐拖床的地点是在西苑太液池。由此可知，最迟在天启年间，太液池已成为北京城冰上娱乐的主要地点。另据《明宫词·天启宫词一百首》记载："西苑冬残冰未澌，胡床安坐柘黄衣。行行不借风帆力，万里霜原赤兔飞。"同样描写了天启皇帝西苑坐拖床的历史。这首诗后附说明文字："西苑池冰既坚，上命以红板作拖床，四面低阑，亦红色，窄仅容一人。上坐其中，诸珰于两傍用绳及竿，前引后推，往返数里，瞬息而已。"[1] 这里说的"上"是指明熹宗朱由校，"珰"是宦官帽子上的装饰物，借指宦官。从注解看，朱由校乘坐的是一架红色的拖床，拖床四周有低矮的红色栏杆，拖床整体比较窄，这种拖床利于在冰面上飞驰，人却不会从床上掉下来。拖床并未加装帷幔，栏杆之内仅可以坐一人。皇帝坐在冰床之上，由宦官用绳索在前牵引，用竹竿在后支撑推动。拖床滑冰效果极好，速度很快。

朱由校当皇帝不行，却是一个好木匠，"自操斧锯凿削，巧匠不能及"，"又好油漆，凡手用器具，皆自为之"。他整天醉心于制造各种精巧的木制品，这架别致的红色拖床很可能就出自他自己之手。这段记载，为我们还原了明代皇家拖床的形制及牵引方式。

---

[1]（明）朱权等著：《明宫词》，北京：北京古籍出版社，1987年，第25页。

《明熹宗实录》还记载了一段太液池上使用拖床的场景：

> 皇上深居清密，去玄武门，稍迩，乃巡官逻卒利前之近易，而忽后之僻难，一片荒寂全无一人。非所以示，后拥两长安门，冠裳辐辏难容奸宄。若东华门偏在一方，近连紫禁，况光禄琐细库厂搬运内监出入势难清肃，非所以讥奸细。西华门空固多而中珰之房亦密，比之东华稍可防御，近因北台折卸，夫役阗喧，且冬则冰床作戏，春夏荷柳供观，率为寻尝游豫之场。非所以藩内外，请将巡视科院部三臣，分督一东一西一北，专掌则有专责，庶无推诿。至铺舍之额，宜修金铃之传，宜稽灯笼器仗，宜备皇墙圮坏，宜葺，总祈敕部施行下兵部。[1]

根据实录记载可知，天启年间，西华门外多为宦官居住的地方，人口稠密，容易防御。西苑太液池北岸的乾德阁[2]嘈杂喧闹。西华门外太液池，冬天在冰面上乘拖床玩乐，春夏观荷赏柳，是百姓娱乐的场所。（图1-5）

围绕拖床，明代还流行另一种娱乐活动。大概在明正德年间，北京兴起了"冰床围酌"的游戏，日子过得不错的官僚富贾专挑严冬时节，将拖床连成一片，在其上豪饮（图1-6）。清代《日下旧闻考》援引明人孙国敉《燕都游览志》的描写："积水潭在都城西北隅……冬时河冻，作小冰床，各坐于上。一人挽行，轮滑如骤驶。好事者恒觅十余床，携围炉酒具酌冰凌中。"[3]明代积水潭是京城另一处冰上娱乐的聚集地。积水潭冰面上，有人将十多个拖床聚集在一起，将毛毯铺在拖床之上。众人坐在拖床上，围炉对酌。冬日，冰上围炉对酌，

---

[1]《明熹宗实录·卷十七》，上海：上海书店，1984年，第884-885页。

[2] 韩德阁，明朝万历年间修建，俗称"北台"。

[3]（清）于敏中：《日下旧闻考·卷五十三·城市·内城西城四》，北京：北京古籍出版社，1985年，第849-850页。

明清时期的冰雪文化

◀ 图1-5 《北京内城图》
（局部）西苑与皇城
《北京内城图》，乾隆年间彩绘本，大英图书馆藏。地图上清晰可见西苑三海水面

▶ 图1-6
"冰床围酌"想象图
任冬洁绘

第一章 冰床溯源

021

成为当时最时尚的娱乐方式。对于"冰床围酌"描写最生动的莫过于明末散文家刘侗的《帝京景物略》："雪后，集十余床，垆分尊合，月在雪，雪在冰。"这种玩法一直持续到清末。晚清文人富察敦崇所著《燕京岁时记》转引《倚晴阁杂抄》关于北京旧时的风俗："明时积水潭，尝有好事者，联十余床，携都篮酒具，铺氍毹其上，轰饮冰凌中以为乐。诚豪侠之快事也。"[1]

与皇家拖床形成鲜明对比的是，此时的京城百姓在冬季皇城内外的冰面上拉拖床是为了谋生。等到下雪之后的日子，各色人等坐拖床前行，河道内拖床往来十分频繁。等到了冬春更替，冰面融化的时候，仍有拖床在河道滑行，偶尔会出现溺水丧命的事情，但拉拖床的人们并不畏惧。

元代的狗车，发展成为用牛马作为牵引的法喇，二者是直接继承关系，它们都是北方民族渔猎生产方式的产物。而凌床，则是传统农耕地区的冰上运输工具，在明代发展成上至宫廷、下至百姓的冰上交通工具——拖床，之后拖床又有了冰上娱乐的新功能。随着清军入关，满族先民将旧俗带入关内。狗车/法喇与凌床/拖床逐渐融合，演变成清代冰嬉活动中帝王乘坐的冰床。无论是清代冰嬉盛典还是宫廷冰嬉娱乐，都可以看到冰床的身影。

---

[1]（清）富察敦崇：《燕京岁时记》，北京：北京古籍出版社，1981年，第91页。

第二章
清代冰床

第一节　清代宫廷冰床的历史

清朝在太液池上使用冰床的记载始见于康熙年间。康熙近臣高士奇在《金鳌退食笔记》中记载："寒冬冰冻，以木作平板，用二足裹以铁条，一人在前引绳，可坐三四人，行冰如飞，名曰拖床。积雪残云，景更如画。"

台北故宫博物院藏清代院本《十二月月令图》，是乾隆初年由宫廷画师丁观鹏、唐岱等人绘制一年十二个月的宫廷生活场景。在其中描绘腊月的场景中，有玩踏鞠、堆雪狮、滑冰床等场面（图2-1）。画面的上方湖面上，有载人冰床的身影。人们乘坐冰床，由人力拉拽，或由类似划船的撑杆支撑前行。

清朝皇帝中，对冰床情有独钟者莫过于乾隆，他曾作《冰床》诗，诗中写道："细长明铁当车轮，架雕文木铺重茵。平湖舟驶不惊浪，广陌车驰那有尘。"雍正十二年（1734年），又作《蜡日坐冰床渡太液池志兴》，诗中写道："破腊风光日日新，曲池凝玉净无尘。不知待渡霜花冷，暖坐冰床过玉津。"登基以后，对冰床的喜爱有增

明清时期的冰雪文化

◀ 图 2-1
《十二月月令图·腊月》
（清）丁观鹏、唐岱等绘：《十二月月令图》，台北故宫博物院藏。
乾隆年间宫廷画师绘制的《十二月月令图·腊月》描绘了玩踏鞠、堆雪狮和滑冰床的场景

无减，有时一人独游太液池，有时陪皇太后一起乘坐。《清高宗御制诗》中收录了不少描写冰床的诗，如乾隆七年（1742年）作《冰床》、十九年（1754年）作《视事既毕，自南台御冰舠，凌太液，遂至琼华岛，登临瞻眺，杂咏志赏》、二十五年（1760年）作《坐冰床至悦心殿》、三十四年（1769年）作《雪中坐冰床即景》、五十九年（1794年）作《腊日观冰嬉因咏冰床》。其中《雪中坐冰床即景》诗意图由画师钱维城绘制成长卷。

乾隆在太液池检阅冰嬉时也会乘坐冰床，他的冰床制作华丽。乾隆三十四年（1769年），乾隆与诸臣作《冰床联句》，联句探讨了冰床的起源，讲述了冰床的制作方法，描绘了坐冰床观看冰嬉的场景。联句中用"檀榻簇茝匩既好，柘檐缬翠盖斯猷。方裀茸燠敷貂座，圆极虚明屏罽帱"来描写乾隆所乘坐的冰床。吴士鉴《清宫词》中有"拖床碾出阅冰嬉，走队橐弓五色旗。黄幄居中奉慈辇，罽帱貂座日舒迟"的诗句，诗句的注解写道："冬令乘坐冰床，亦谓之拖床。上用者，以黄缎为幄，如轿式然，以八人推挽之。罽帱貂座，见高宗《御制冰床联句》诗。"由此可见，《清宫词》中的"罽帱貂座"即出于此联句，意思是毛织品做的车帷、貂皮做的垫子。

乾隆时期，"画苑领袖"钱维城《画御制雪中坐冰床即景图》，反映了清军入关以后，狗车与凌床融合之后的最终形态。此图是根据乾隆皇帝御制诗《雪中坐冰床即景》而创作。画面以太液冰面为主体，描绘乾隆皇帝在西苑太液池上乘坐冰床的景象（图2-2）。画中对西苑两岸的皇家御苑雪景绘制精细。冰面之上，冰床和伴游的人群星星点点。皇帝的御用冰床在侍卫的引导下，缓缓滑行。冰床前方不远处的冰面上，矗立着冰嬉"转龙射球"项目的球门。悬挂在球门上方正中的天球隐约可见。随皇帝坐冰床的队伍，由十个侍卫引导，并燃放烟火。其后是皇帝乘坐的冰床。冰床由六个侍卫推着前进。冰床后是十个手持长矛的豹尾班执枪侍卫。禁卫军后是由两个侍卫推行的另一个冰床。之后，跟着的是由两人牵引的第三个冰床。在这个冰床之后，是其他随行人员。图中一共出现三种不同形制

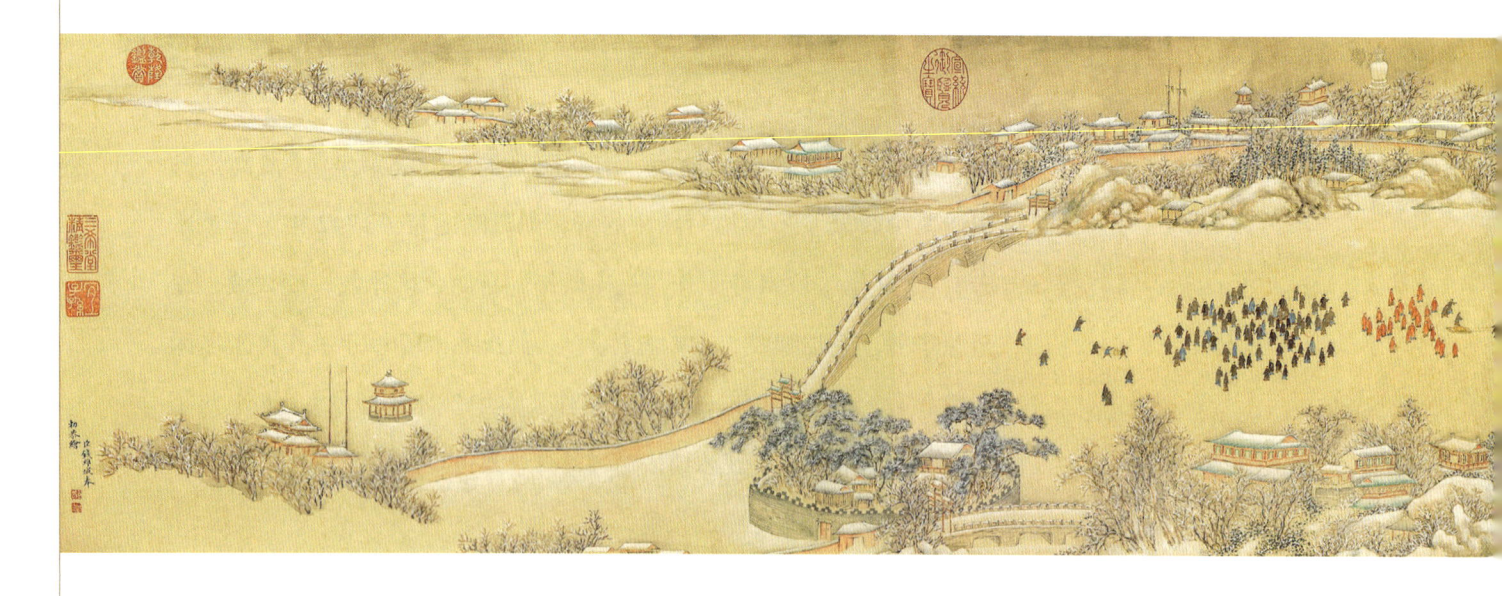

△ 图 2-2 《画御制雪中坐冰床即景图》

（清）钱维城：《画御制雪中坐冰床即景图》，台北故宫博物院藏。
此图反映了乾隆皇帝在西苑太液池上冬季冰床出行的场景

▽ 图 2-3 《画御制雪中坐冰床即景图》（局部）冰床

（清）钱维城：《画御制雪中坐冰床即景图》，台北故宫博物院藏。
从图中可以看出，乾隆皇帝乘坐的冰床至少有三个不同的形制

的冰床。（图2-3）第一个是黄幄冰床。冰床底部形似木船，手推前行。手推冰床的部分，冰床床体较高。上面黄幄部分形似轿厢。第二个是华盖冰床。冰床底部与黄幄冰床相同，冰床上放置一把太师椅，太师椅上有华盖遮挡。第三个是直辕冰床。冰床床体较矮，冰床上放置明黄色坐垫。从冰床形制来看，乾隆皇帝使用的冰床与天启皇帝使用的冰床比较相似。二者最大的区别在于，天启皇帝的冰床利用人力在两岸牵引，而乾隆皇帝的冰床有手推和拖拽两种形式。图画上三个高矮不同的冰床均是供人乘坐。而在冰床形成的漫长历史过程中，高冰床一般供人乘坐，矮冰床运输货物使用。此外，明代的拖床在木板上放置胡床，并没有出现类似轿厢一样的形制。乾隆时期，无论是乾隆皇帝的冰床，还是《崇庆皇太后万寿庆典图》中皇家与民间乘坐的冰床，都可分为有轿厢和无轿厢两种形制。可见，冰床越来越华丽了。

《养吉斋丛录》另有记载："又'檀榻簇葩匡既好，柘檐缬翠盖斯觥。方裀茸燠敷貂座，圆极虚明屏罽帱。'此言御用冰床之制也。又御前蒙古王等，凡至西苑，亦赐坐冰床随行。"[1] 记录的同样是御用冰床的信息。随行的蒙古王公，还有被赐坐冰床的情况。可见，西苑冰

---

1 （清）吴振棫：《养吉斋丛录》，北京：中华书局，2005年，第191–192页。转引自《御制冰床联句》，《清高宗御制诗三集》卷七十七。

△ 图 2-4 《崇庆皇太后圣寿庆典图》（局部）崇庆皇太后的冰床

《崇庆皇太后圣寿庆典图》第二卷《川至迎长》，故宫博物院藏。转引自刘潞：《"骈庆"：崇庆皇太后〈万寿图〉第三卷圈名考析》，《故宫博物院院刊》2015年第6期，第127页

▽ 图 2-5 《崇庆皇太后圣寿庆典图》（局部）长河上的冰床

故宫博物院编：《清史图典·乾隆朝》，北京：紫禁城出版社，2002年，第527页

床并非单纯为皇家娱乐工具，在娱乐之外，更多表达了清王朝政通人和、天下大同的理念。

乾隆十六年（1751年），以崇庆皇太后六旬万寿节为主题的庆寿图创作完成，这就是著名的《崇庆皇太后圣寿庆典图》，该图绘制了崇庆皇太后在长河上乘坐冰床的场景（图2-4）。画面上的冰床与《画御制雪中坐冰床即景图》中的冰床形制相似，但更为精致华丽。长河是京城内城通向西郊皇家园林的水上通道。崇庆皇太后乘坐冰床往来京城与皇家园林之间，既可缓解陆路疲劳奔波，还可娱乐身心。长河之上，另有众人乘坐冰床的场景（图2-5）。乾隆时期，冰床是上至宫廷、下至百姓的冬季娱乐工具。在重大节日庆典中，冰床作为时令交通工具时常出现。在乾隆年间形成的冰嬉盛典中，冰床作为皇帝阅视冰嬉时乘坐的交通工具，也多次出现在反映冰嬉盛典的宫廷画中（图2-6、图2-7）。

冬日里在太液池乘坐冰床是一件非常惬意的事情。道光十二年（1832年）道光皇帝作《题玉壶天冰床》，描绘了月夜乘坐冰床的场景："绳床欣捷速，运转异舟车。冰沼映云影，空明悟集虚。春光何处早，试问玉壶天。残雪辉遥岸，林峦万象全。"

晚清光绪皇帝有一架奥地利赠送的冰床。1895年，英国《图画》（The Graphic）刊登了一张题为《中国皇帝在北京太液池乘坐冰床》（The Emperor of China sledging on the lake in the Palace Gardens, Pekin）的画，作者是弗兰克·戴德（Frank Dadd）。画面描绘的是光绪皇帝乘坐冰床从北向南经过团城的场景（图2-8）。该图配文："乘坐冰床可以使他享受冬日里的快乐时光，这张崭新的冰床是不久前奥地利赠送的。"从图片看，这架冰床造型很像西洋的马车。床体及棚子是金属支架，冰床棚子顶部中心有一个宝顶，四条龙伏在四个角上，另有一条龙昂首在冰床的正前方。前后两排八名太监，拉着冰床在冰面上奔跑。

从清初到清末，清代宫廷一直在使用冰床，从宫廷画《御制雪中坐冰床即景》中可以看出，乾隆年间的宫廷冰床仍分为高冰床和矮冰

△ 图 2-6 《冰嬉图》(局部) 乾隆皇帝乘坐的冰床与众臣

(清)金昆、程志道、福隆安绘:《冰嬉图》,故宫博物院藏

第二章 清代冰床

△ 图 2-7 《紫光阁赐宴图卷》（局部）冰床

（清）姚文瀚绘：《紫光阁赐宴图》，绢制彩绘本，故宫博物院藏

▽ 图 2-8 《中国皇帝在北京太液池乘坐冰床》

1895 年英国《图画》刊登

床两类。但无论是哪一类冰床，主要的用途都是载人。此外，以动物为驱动力的冰床消失，所见宫廷冰床的动力均为人力。

第二节　清代宫廷冰床的形制

清代宫廷的冰床多是用榆木、杉木制成的。其中御用冰床一般用榆木制成，但也有例外，从御制诗"檀榻簇葩匡既好"来看，乾隆皇帝冰嬉大典时乘坐的冰床很可能是用名贵的檀木制成的。这些冰床和船只一样，都是由内务府奉宸苑统一管理。奉宸苑是内务府负责管理"景山、瀛台等处亭台、池沼、林麓、苑囿等事"的机构，他们每年都会对所管理的冰床安排例行的维护，维护的内容不同，实施维护的机构也不同，如木匠活由营造司实施，而磨冰床底部的铁条，则由武备院实施。

《钦定总管内务府现行则例·奉宸苑卷》中，有多处关于冰床维护的记载。如雍正五年（1727年）十一月奉旨"三海拖床每年粘补一次。其修艌船只、粘补拖床所用桐油，移咨户部领取。杉木、铁叶、铁钉、黑炭、铁匠、木匠、绒绳移咨各该处领取。鱼鳔、剉草、铮磨匠移咨武备院领取。纸张并办买灰麻，给发雇觅匠役工价所用银两，移咨广储司领取"。再如乾隆二十二年（1757年）十月呈准，"本处（南海）设有上用榆木拖床一乘，每年烫蜡、揎缝见新，行营造司。包角、云头、铁叶，行武备院，铮磨见新。杉木拖床七乘，每年例应攒造二乘，修理三乘，应添木植板、片钉、铁线、麻绳，外用木匠五名，使五日，行营造司发给。年例修理钢铁条六条，用羊眼钉九十个，换拖床檀五块，行武备院收旧换新"。另据"则例"记载，中海设有上用榆木拖床一乘、杉木拖床二十五乘。北海设有上用榆木拖床一乘，杉木拖床二十一乘。从上述记载看，太液池三海均设有冰床，皇帝乘坐的榆木冰床，每处设有一乘，而杉木冰床数量众多，多达五十多乘。道光二十二年（1842年）十一月，为提高修理的效率，一般的木匠活不再交营造司办理，呈准"三海上用榆木拖床并杉木拖床，嗣后由本苑（奉宸苑）自行查看修理，毋庸咨行营造司。榆木拖床每乘核给工料银三两，杉木拖床每乘核给工料银二两，每年所需银两由本苑荷花地租项下动给，归入年终奏销。其毡块、云头、铁叶、钢条、羊眼钉按照拟修拖床数目，仍咨行武备院修理"。所谓"荷花地租"是指三海种植的莲藕鬻卖所得的收入。

由于西苑太液池水面开阔，从西苑门到瀛台、紫光阁等地需步行很长的路，因此皇帝会赐王公大臣乘坐御船或冰床。据《清仁宗起居注》记载，嘉庆十四年（1809年）冬月十二日，嘉庆皇帝下令："朕赴西苑用膳、办事，所有内廷、外廷王公大臣等俱在西苑门外下马，步行进门至马头。着御船处预备船只，照进同乐园之例。结冰后即用拖床，至每年十月间冰薄之时，必须步行随入伺候。年在六十以上者，除自揣步履尚健，照常前往外，其余著加恩不必前往。俟朕进宫时，在隆宗门内站班。如年未至六十，而实有残疾，人所共知者，亦著在隆宗门内伺候。"另据清国史馆臣所撰《清史列传》记载，光绪年间，一些新办大臣会被"赐西苑门内骑马，乘坐船只、拖床"，如崑冈、敬信、崇礼、徐会沣、立山等人。《清实录》中也有类似的记载。

除了太液池，在圆明园、颐和园等皇家园林的冰面上，同样有冰床的身影。

皇帝乘坐的冰床到底是什么样子呢？我们在晚清样式雷图档中，找到了一幅他为皇家制作冰床的设计图《亭式冰床立样》（图2-9），可以看出皇家冰床的细节。清代晚期的皇家冰床，与乾隆时期的冰床没有太大区别。这幅冰床设计图展示的冰床上半部分是一个方形单檐的轿辇形式，也就是图样上说的"亭式"。冰床下半部分是一个船形。冰床四周遍布繁复的装饰性花纹。在船形冰床的前后两端，附有拖曳冰床的支杆。"亭式拖床一座，通长七尺五寸，头高一尺二寸，尾高二尺四寸五分，仓深七寸七分。亭式拖床一座通长七尺五寸，头

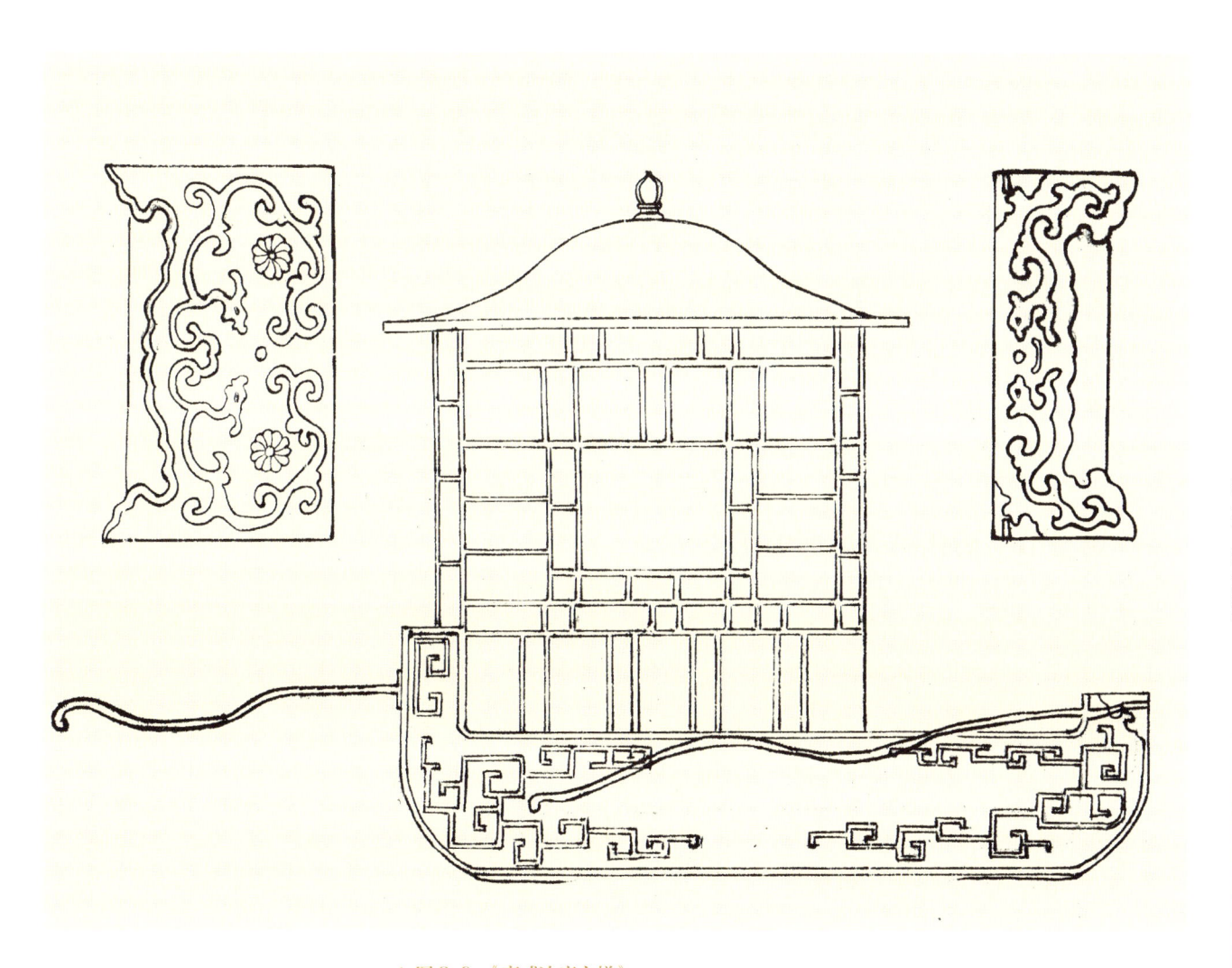

△ 图 2-9 《亭式冰床立样》

（清）样式雷制：《亭式冰床立样》，绘本，国家图书馆藏

宽三尺五寸，尾宽三尺六寸，仓深七寸七分。头高一尺二寸，尾高二尺五寸。前支杆长六尺三寸，后支杆长三尺五寸。亭式暖罩身高五尺一寸一分，面宽三尺一寸八分，进深五尺九寸五分，顶高一尺二寸，床高七寸七分。"[1] 根据冰床尺寸的记载，这个亭式冰床长度超过2.5米，宽度约1.2米。在冰床的船形部分，下挖一个深20多厘米的船舱，然后把亭式部分安装在船体上。亭式部分高约1.7米，宽1米。亭内垫起座位空间，高度与船舱深度相当。冰床前后两个支杆，前杆长2米多，后杆长1米多。显然，这个冰床的行进方式是推动向前。这与《画御制雪中坐冰床即景图》中亭式冰床的行进方式完全一致。经过上百年的演变，皇家冰床在形制和拖曳方式上都没有太大变化。

第三节　清代民间冰床的历史

明代护城河上冰床载客的历史延续至清代。《崇庆皇太后万寿庆典图》绘制的长河冰床，就是明代冰床载客的延续。在普通百姓之中，冰床载客的传统被完全保留。清代北京城的各处河道冰面上，无论是长河、护城河、内外城主要河道，还是京城通往通州的通惠河（图2-10），都是冰床载客的场地。

天津发达的漕运为运河两岸的居民提供了生存的条件，也成了民间冰床汇集的地点（图2-11）。冬天的河道经常会见到冰床穿梭其上，或运送货物，或载人而行（图2-12）。据《津门杂记》记载："冰床又名拖床，俗呼冰排子，其形如床，可容三四人，高仅半尺余。上铺草帘，底嵌铁条，取其滑而利行。人坐其上，一人支篙撑之，驰骤甚速，每到天寒水冻，冰排盛行，往来密如梭织，四通八达，攸往咸宜。撑排者例备皮袄一袭，无客则自衣御寒，有客则奉客铺垫。随

---

[1] （清）样式雷制：《亭式拖床暖罩规制略节》，国家图书馆藏，索书号051-0013-01。

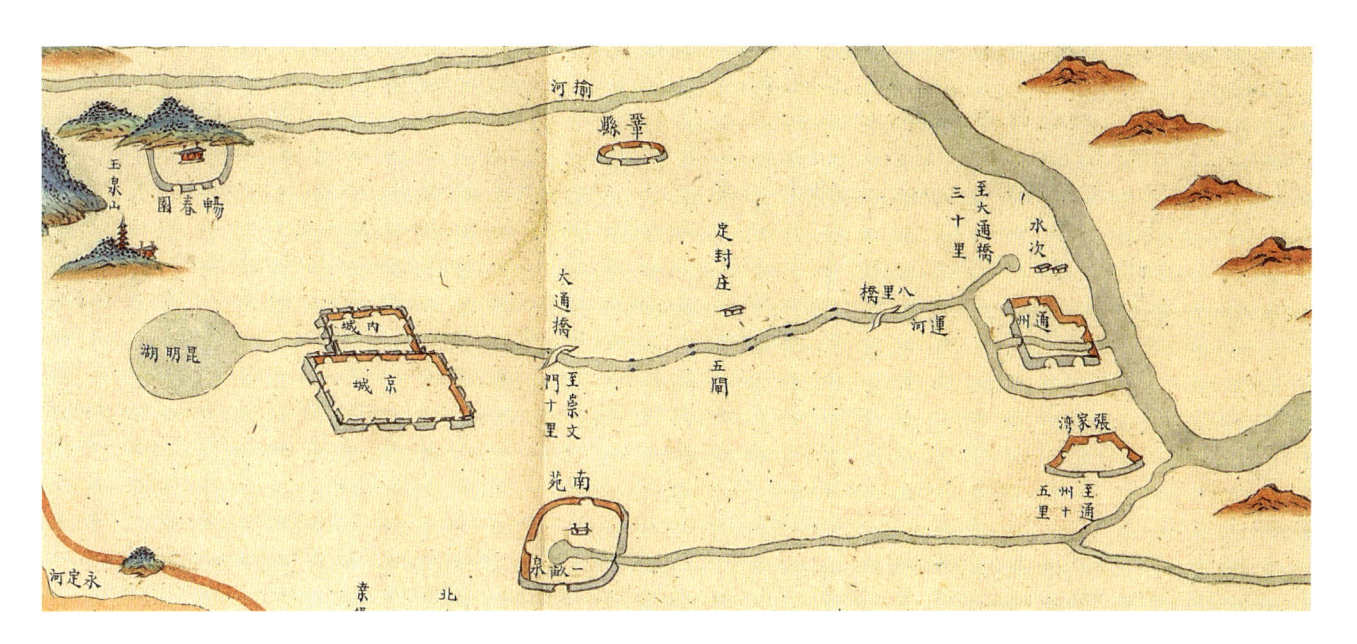

△ 图 2-10 《八省运河泉源水利情形图》（局部）通惠河河道
《八省运河泉源水利情形图》，清乾隆年间彩绘本，国家图书馆藏。
沟通北京城与通州城的通惠河，是京城冰床载客的重要场地

地雇坐，价甚廉。如去一二十里之遥，所费不过京蚨十文而已，贫民食力于风天雪地中如此。"

康熙五年（1666年），查慎行作《赵北口坐冰床》（见《敬业堂诗集》续集卷五），诗中写道："老涉惊波足可怜，平生履薄怕临渊。阿谁与唱《公无渡》，三尺冰床稳胜船。"康熙年间，清八大名家之一的陈维崧作《宣清·玉河冰》（见《清八大名家词集·湖海楼词集》卷第十六），词中写道："见宣武门边，西河沿上，有冰床一带。更紫罽猩绒，稳垫娇铺，滑笋瑶京，若比风樯尤快。是谁家、茜裙斜载。逗香肌、冰前偷赛。还将四弦，猛弹《破空潭》，问吟龙安在？"将康熙年间护城河冰面上的民间风情描绘的生动活泼。

乾隆时期潘荣陛著《帝京岁时纪胜》载："都人于各城外护城河下，群聚滑擦，往还亦以拖床代渡。更将拖床结连一处，治酌陈肴于上，欢饮高歌，两三人牵引，便捷如飞，较之坐骥乘车，远胜多矣。"

乾隆二年（1737年）的冬天，查为礼（字鲁存）约上几个好友，来到天津漂榆（今天津东丽区军粮城一带）城南的河道上坐冰床游

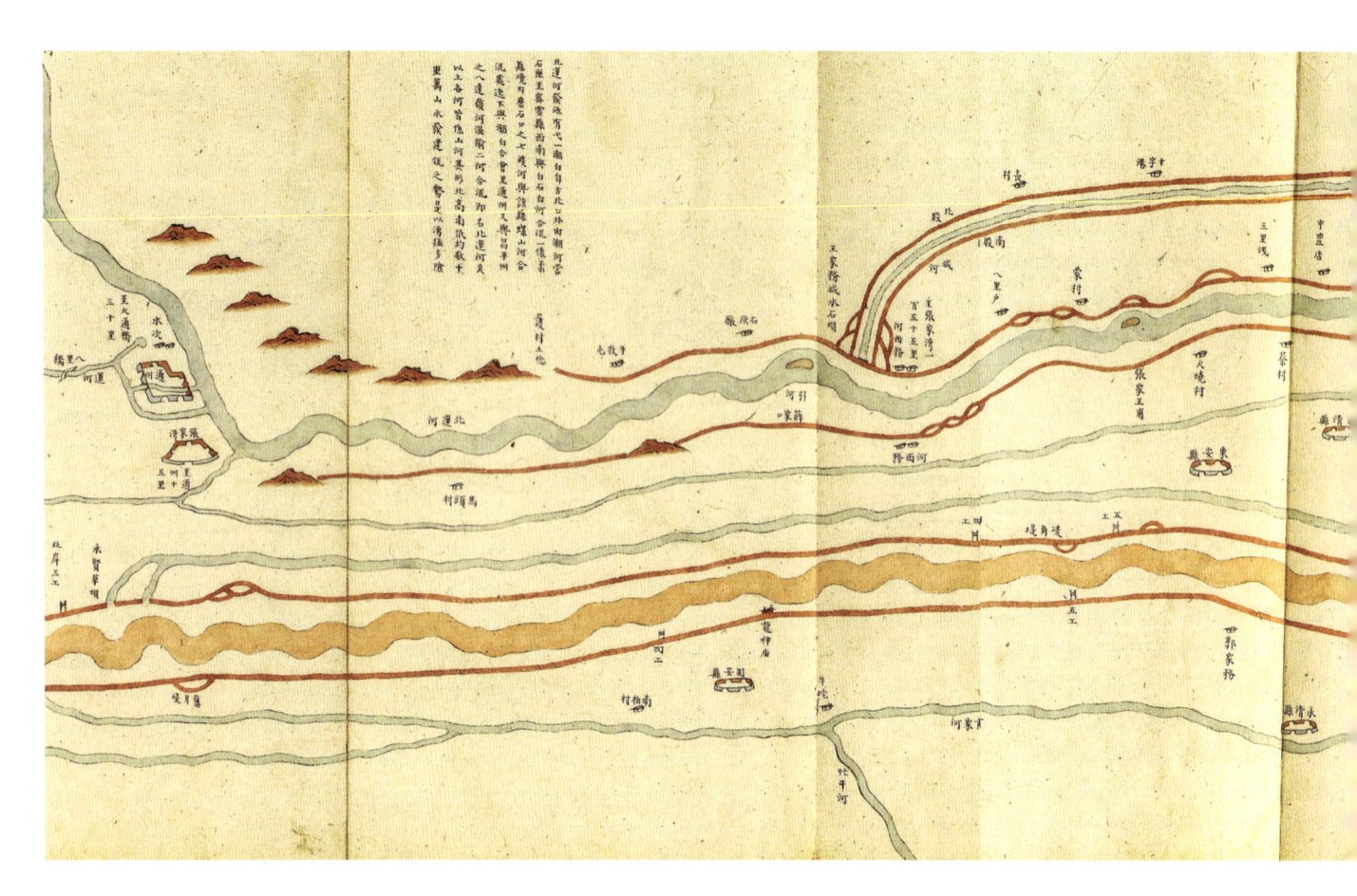

△ 图2-11 《八省运河泉源水利情形图》（局部）北运河及天津城河道

▽ 图2-12 撑冰床谋生的手艺人在运送乘客

这是1915年天津寄往法国的明信片。明信片上反映了民国初年天津河道上载客冰床的场景

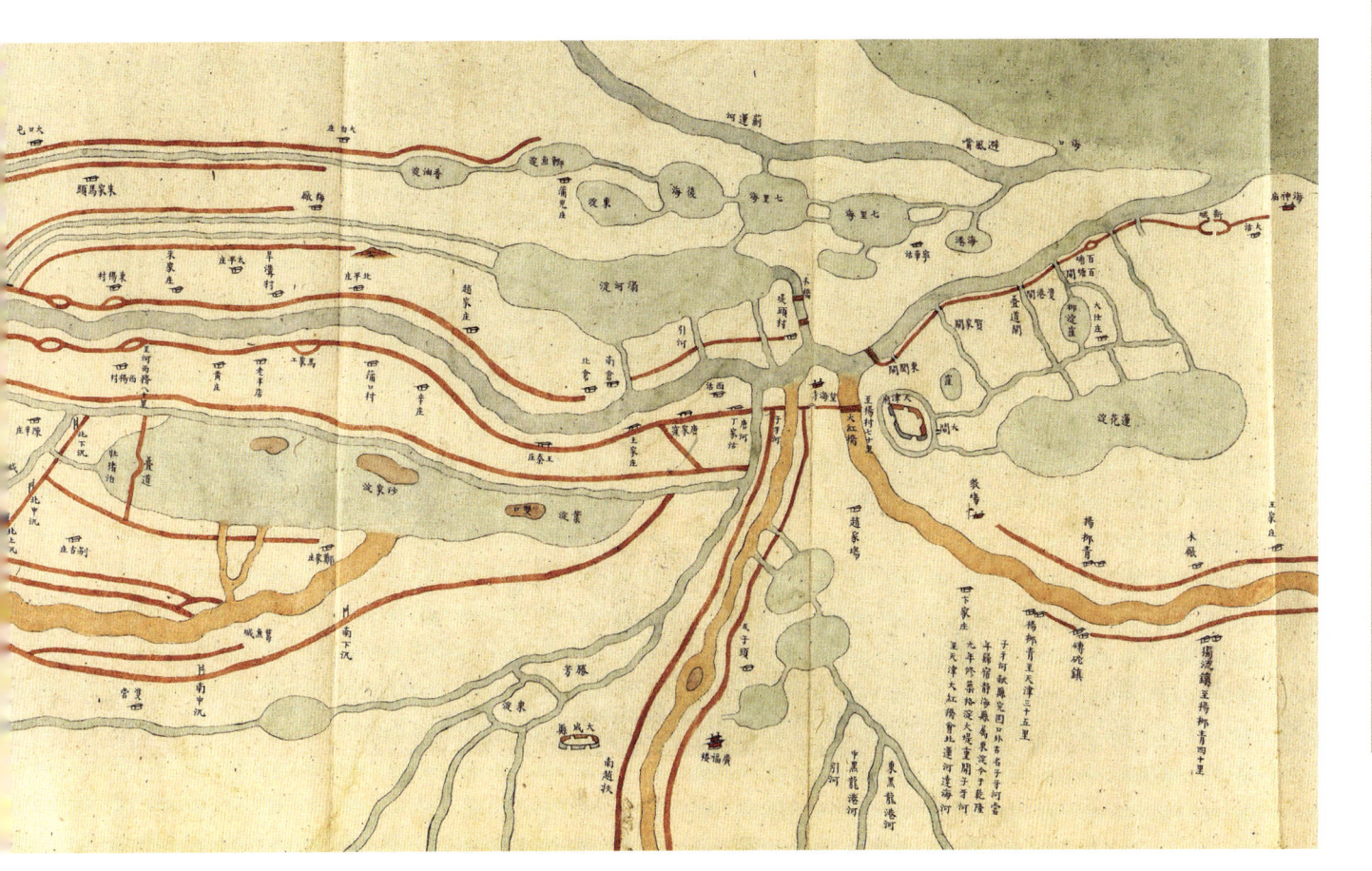

玩，乘兴留下了一首《城南冰泛歌》。哥哥查为仁（字心谷，号莲坡）在《莲坡诗话》中记下了这件事："天津城南，地势洼下，夏潦秋霖，汪洋弥望。冬则冰胶如镜，居民以凌床往来，其行如飞。鲁存弟邀同人作冰泛之游。鲁存得长歌一篇，内有句云'晶莹倒射天影白，七十二沽无水声'，极为俦辈推许。西颢有句云'到处回头都是岸，从今托足不随波'，颇具禅味。"

清代宫廷画师徐扬曾绘制了一幅《日月合璧五星联珠图》。这幅宫廷画作展现了乾隆二十六年正月初一出现的日月合璧、五星联珠的天象。这一天象被认为是吉祥的征兆，反映了太平盛世景象。于是，皇帝与天下臣民举国同庆。乾隆皇帝命宫廷画师将这一具有历史意义的景象描绘出来，永载史册。在这幅反映盛世景象的画作中，在北京内城之外，靠近古观象台的护城河河道中，有人乘坐拖曳式高冰床出行（图2-13）。冰床再次出现在描绘盛世景象的画作之中。

▲ 图 2-13 《日月合璧五星联珠图》(局部) 冰床

(清)徐扬绘:《日月合璧五星联珠图》,乾隆二十六年(1771年),台北故宫博物院藏。在靠近古观象台的护城河河道中,有人乘坐冰床出行

彼时距天津城南三里之外,有一名刹曰海光寺,这里水面开阔,夏日里飞凫翩翩,宛若江南水乡,冬天冰床做戏,另有一番景致。乾隆十年(1745年)的腊八节,查为礼与十位好友同游海光寺。他们先是一起乘坐冰床,然后烹羊炙酒,酒过半酣后以冰床代马,玩起了乘冰床比赛射箭的游戏。事后,查为礼写下《腊八日同朱仑仲、周月东、戴暗成、潘廷简、吴骥调、陈江皋、陈东麓、杨涵远、万循初、高季治游海光寺,酒后以冰床代马较射为戏,予因作歌自哂》一诗(收录于《铜鼓书堂遗稿》),诗中写道:"将床作马冰作陆,一篙反比四蹄速。三矢递发手眼忙,我矢既直我御良。胜者持觞负者饮,醉看日落烟苍苍。"这里描写的冰床代马较射颇为有趣。射手站立在冰床上,撑冰床的人用力一撑,冰床便疾驰而出,其速度可超奔马。射手要在短时间内射出三支箭,自然有点手忙脚乱。获胜者沾沾自喜,端起酒杯罚失败者喝酒,不知不觉大家都醉眼朦胧,抬眼望去,已是夕阳西下,冰面上雾霭苍茫。

冰床在晚清依然盛行,同治十二年(1873年)举人彭祖润在

《燕台竹枝词》中有"城濠数里冰床快，风雪披裘唤渡时。三板棱棱轮铁利，一绳牵挽去如飞"的诗句。宝竹坡《偶斋诗草》中有《冰床》诗一首，诗中写道："伊谁造车床假名，长方四尺象厥形。伏羲未作禹未乘，泥樏山樵堪并称。木躯金趾坚而轻，一人背挽牵以绳。"冰床既可以用来娱乐，又可以当作交通工具，每到冬天，冰面上冰床穿梭，盛极一时。宝竹坡非常喜欢坐冰床，有一次和镜寰、芷亭、静山等好友在积水潭"净业湖酒楼"喝到醉眼惺忪后同乘某寺僧人牵的冰床到阜成门，有感于国家被列强入侵后"灾荒兵燹久未息"的情景，乘着酒兴写下了"偷闲觅乐足惭愧，欢笑未已愁怀增"的诗句。

光绪五年腊月十三（1880年1月24日），《万国公报》刊发《冰床开行》一文，文中记载了北京城当时冰床：

> 京城每岁仲冬，在各门护城河设立冰床，便行路也。计设四处，东便门、崇文门、正阳门、顺治门，至西便门乃止，一门三里。其床方圆五尺有零，高二尺余，床之两边木下嵌铁片。于人床之前而系绳拉之，拉者疾行数武亦坐其上，任床自行缓，则再下拉之，故驰骤甚速，路人争坐之。每河设床十余张，每床可容七八人，如愿合坐，每位需京钱三文，单一人包坐，需钱三百文。拉床者俱系城外田家者，流足穿草履，身著羊裘，日出而作，日入而息，冰坚则行，冰融则止。今岁于前月朔日设立开行，坐资仍旧。又闻每届拉床各人必须先在各城司坊衙门出费领照方可设立，不准私自开行。按拉床人每日每人可得大钱十余吊，而各司坊胥役恒向其需索，不亦积习使然哉！

从这篇文章看，光绪朝北京护城河上冰床仍然盛行。拉冰床的都是京郊贫民，每日的劳作非常辛苦，还要受官府的盘剥。起初，护城河上处处有冰床运行，但后来护城河经过张曜（字朗斋）的整修，有的地方已不让冰床运行了。光绪十八年正月廿二（1892年2月20日）

《益闻报》刊发《禁止冰床》记载：

> 京师每年于入冬后，河中有冰床之戏，故九门俱有冰床，以备寒冬消遣。《都门竹枝词》云："十月冰床遍九城，游人曳去一毛轻"是也。当风和日暖时端坐冰床游行河上，恍在琉璃世界中。然景致最好者，莫如西直门至阜成门一带，河宽冰厚，从午至晡均有日光照耀，故游人往往络绎于此。冰上床子有百余具之多，第护城河经张朗斋中丞修挖深通以后，河岸培垫一律整齐，爰饬有司出示严禁不准游人践踏绿之，冰床亦皆禁止。迩来日久懈弛，旋萌故智，几将视禁令如弁髦，奉宸苑等处今年来又奉严禁示谕不准冰床入河，不料有某某者，私自放床，三人同坐，怡怡如也，自阜成门曳之而前甫抵西直门，被坊中官役眼见，向前拿捉，三人见势不佳，一溜烟作黄鹤之举，惟拉床者负固不服，用言词抗拒，当被捉将官里去，是可为犯法者戒。

晚清时期，冰床载客已形成固定的制度。作为冬季重要的交通工具，冰床在北京、天津等地都非常流行。光绪年间，每当护城河冰冻之后，外城北侧，紧邻内城南墙的主河道就成了冰床载客的主要河道（图2-14）。设立冰床载客的路段有西便门至宣武门、宣武门至正阳门、正阳门至崇文门、崇文门至东便门四段，每段约3里。另有京城至通州段冰床载客，出东便门，经过通惠河至通州，约40多里里。城内四段开设冰床，拉冰床的人必须到各城司坊衙门交费办理运营执照，方可获得冰床载客资格。所以拉冰床的人经常被衙门的小吏盘剥。每年开始运营冰床的时间和每段路程花费的费用都是由衙门统一确定的。例如，光绪己卯年（1879年），冰床载客统一开始于农历十一月初一。每段河道有载客冰床十余张。冰床分大小，有的可同时乘坐七八人，有的可以乘坐三四人。如果愿意合坐冰床，每人费用是京钱三文。如果是一个人包下冰床独坐，需要京钱三百文。大冰床大

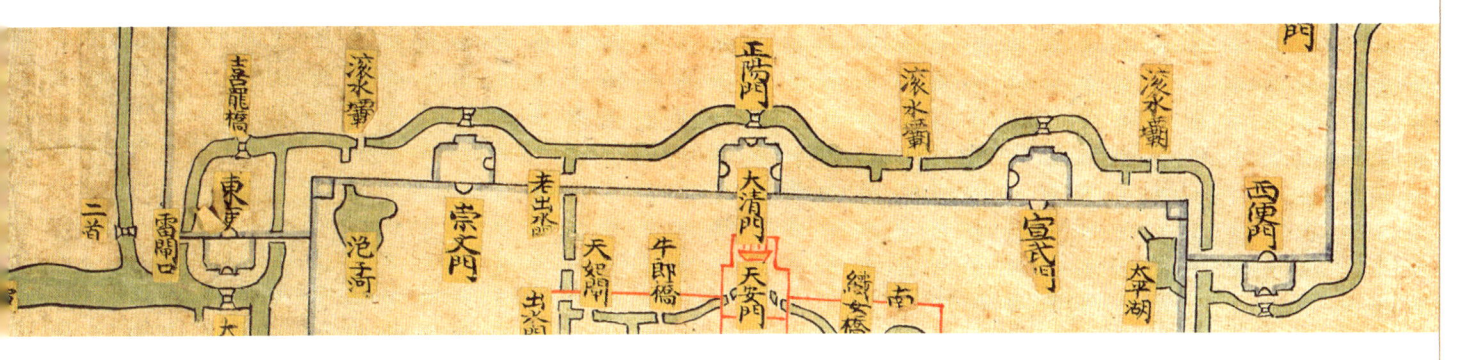

△ 图 2-14 《京城内外河道全图》（局部）用于冰床载客的河道

《京城内外河道全图》，晚清彩绘本，国家图书馆藏

概有五尺见方，高二尺多。冰床底边镶嵌铁片。因为冰床较大，乘客可以坐着，也可以躺着。冰床上还有放置行李的空间。冰床行进分为推和拉两种。推冰床的人，脚穿皮木屐或者草鞋，木屐下有铁钉。推冰床的人靠鞋底铁钉防滑，借力推动冰床前行。拉冰床的人在冰床前面，用绳子拉拽冰床。拉冰床的人快跑几步，使冰床快速滑动。然后拉冰床的人跳坐在冰床之上，任其向前滑行。当冰床速度放缓，拉冰床的人再重复之前的动作。推拉冰床的人基本上都是北京城外的农民，在冬季农闲时刻，坚持着日出而作、日落而息的作息习惯（图2-15）。利用冰床的出行方式省时、经济，所以冬季北京城河道上乘坐冰床出行的人非常多。推拉冰床的人每天可以收入十余吊钱，填补家用。[1]

---

[1] 光绪丙子年十一月十九日（1877年1月3日）《申报》，第一版。冰床载客，都下自城河冰冻后，即用冰车以载行客。其制以木床代车，不施辖辂，包以铁叶。推车者，脚登皮木屐，一推一送，顺势连步而去，其驶如飞。半时许行十余里。由顺治门城河，历便门，经二三闸，至通州五十余里，未及两时即到。一床可坐三四人，旁置行李。行客登车，或坐或卧，各听其使。便见雉堞高下，云树苍茫，排闼倒影，瞬息过去。如身在水晶宫驶行汉间也。至于星流镜转，关眼生花，又令人如入山阴道上，接应不暇矣。稳步长河，若履平地，较之车驶马骤尤为安便，价值亦廉。故一交冬令，沿城河畔，冰车往来如织。此固燕台之独步，东南各直省所罕觏者也。现在沪上新试火车与北地冰床正可遥遥相对。

光绪己卯年十一月二十五日（1880年1月6日）《申报》，第二版。冰床开行，京城每岁仲冬，在各门护城河设立冰床，便行路也。计设四处，由东便门至崇文门，而正阳门，而顺治门，而至西便门乃止，一门三里。其床方圆五尺有零高二尺余，床之两边木下嵌有铁片。人于床之前面，系绳拉之。拉者疾行数武，亦坐其上，任床自行缓，则再下拉之。故驰骤甚速，路人争坐之。每河设床十余张，每床可容七八人。如愿合坐，每位需京钱三文。单一人包坐，需钱三百文。拉床者俱系城外田家者流，足登草履，身衣羊裘，日出而作，日入而息。冰坚则行，冰融则止。今岁与本月初一日设立开行，坐资仍旧。又闻每届拉床各人，必须先在各城司坊衙门出费领照，方可设，亦不准私自开行。按拉床人每日每人可得大钱十余吊，而各司坊胥役恒向其需索不已，亦积习使然哉。

▲ 图 2-15 《北京护城河上的冰床》照片

1900年《海军和陆军画报》（*The navy and army illustrated*）登载的《北京护城河上的冰床》（Ice sledges on the moat at Peking）照片

1895 年，英国《画报》（*The Graphic*）刊发了一幅题为《北京护城河上的公共冰床和滑冰者》（Omnibus sledges and skaters on pekin city moat）的图画，生动描述了清末北京崇文门附近的护城河冰面上的场景（图 2-16）。该画有一份注解，译文如下：

> 北京，虽然纬度比伦敦稍低，但冬天也非常寒冷。十二月份开始结冰，冰期可持续到 3 月份，向南到芝罘（现烟台）所有和河流海水都会结冰。中国人总会做好准备去挣一些正当途径的钱，一旦冰面足够坚固，他们就会拿出他们的冰床，护城河上遍布的像"公共汽车"一样的冰床可供乘坐。当遇到了城门或者不能穿行的桥洞的时候，拉冰床的人会将冰床扛在背上从上面走过去，乘客跟着他走到下一处冰面。冰床

▲ 图 2-16 《北京护城河上的公共冰床和滑冰者》画

弗兰克·戴德绘：《北京护城河上的公共冰床和滑冰者》，《画报》，1895 年

是非常粗糙的东西——一张在腿的底部装上滑铁的桌子。冰床的动力来自人力，他会在鞋上裹上一层皮子以防滑倒。当冰床飞速滑行的时候，他也会跳上去坐在冰床的前部，用脚不时地擦着冰面直到速度慢慢降下了。这时，他就跳下来再拉上一会儿，如此往复直到行程结束。中国人不是滑冰的好手，笨拙的鞋子令他们毫无优势可言，他们使用的是用皮带绑在鞋上的非常原始的冰鞋。

这幅画的作者弗兰克·戴德（Frank Dadd）生于1851年，1885年到《画报》工作，他是一位活跃的插图家，很快便成为这里的顶梁柱。戴德没有来过北京，《画报》称这幅画得到了T. Child的支持，就是在北京生活了很久并拍摄了很多照片的摄影师托马斯·查尔德（Thomas Child），这幅画的背景就是参考了查尔德自西往东拍摄的崇文门和护城河的照片。

除了用于出行的冰床之外，用于娱乐的冰床也保存下来。光绪年间，京城仍然可以看到明代围炉对酌的场景。只是围炉对酌的地点从积水潭移到了前三门外壕，也就是冰床载客的地点。风雅之士将许多冰床连在一起，中间是取暖的炉子。大家在冰床上围坐，饮酒赋诗，自得其乐。其间，赋诗以冰床为题，看谁作诗最妙。[1] 这种场景与明代围炉对酌非常相似，冰天雪地中，一群文人围坐在冰面之上，快意人生。城南的文人气象，不经意间流露出来。

在当时，还有人认为男女同坐冰床是有伤风化的事。光绪戊申十二月初八（1908年12月30日），《北京当日画报》配图刊登了《冰

---

[1] 光绪庚辰年十二月十七日（1881年1月16日）《申报》，第二版。啸咏冰床，都门每届冬月前三门外濠（壕），河水冻之时，设立冰床，便行路也。乃间有风雅之士，将数床联络一处，周围约坐，围炉饮酒，烘砚赋诗，如入晶窟，如泛银湖，信可乐也。今冬十一月初五日，冰床开行。初十日，即有骚人韵士置酒高会，以冰床为诗题。闻其中有某茂才一诗，最为警切。其诗云，驶于走马小于舠，滑滑歌中亦足豪。上下不交人自冷，风波一息枕方高。但凭坚腹消行险，略藉横肱写梦劳。直似游仙尘境里，琼壶咫尺忽周遭。按今冬天气，晴暄风雪罕觏，故此次游人不至有郊寒之况云。

冰床宜查

日昨下午二点鐘本舘友人走至齊化門外河沿見有冰床上坐著好幾個年青的婦女看著很不好看男女混雜不成事體從前禁止過現在仍然是男女同坐年歲大的老太？還可以惟有年青的婦女在一塊同坐看著太不雅觀望有管理之責者何妨查之呢

▶ 图 2-17 《北京当日画报》《冰床宜查》

光绪三十四年（1908年），《北京当日画报》，第六十三号

床宜查》一文（图2-17），文中指出："见有冰床上坐着好几个年青的妇女，看着很不好看，男女混杂不成事体，从前禁止过，现在仍然是男女同坐，年岁大的老太太还可以，惟有年青的妇女在一起同坐看着太不雅观。望有管理之责者何妨查查呢？"

冰面还不坚实的时候，偶尔会有人因贪恋冰床的快捷冒险乘坐而招致事故。（图2-18）

从上述冰床发展的历史可以看出，在宋元时期，传统渔猎区和农耕区的百姓都在冬季使用冰床。以长城为界，北方地区和中原地区的冰床在形制、用途、驱动方式等方面都有一定差别。明代开始，用于载人的冰床在宫廷出现，宫廷使用的冰床与民间冰床开始分途。明代宫廷冰床与传统农耕区的载人冰床类似，并无棚式设计。清代宫廷冰床融合了北方和中原民间冰床的特征，并在冰床上加盖棚式或者亭式的封闭空间，供人乘坐。此时，冰床的形制越来越华丽。清代晚期，随着西式冰床引入宫廷，传统宫廷冰床开始走向没落，并逐渐退出历史舞台。与此同时，民间流行的冰床一直延续下来。宋元时期北方地区使用的狗车、爬犁，中原地区使用的拖床，都在原来的区域发挥着载人、载物的作用。清代晚期，在北京、天津等北方城市的河道中，冰床成了人们冬季出行的重要工具。

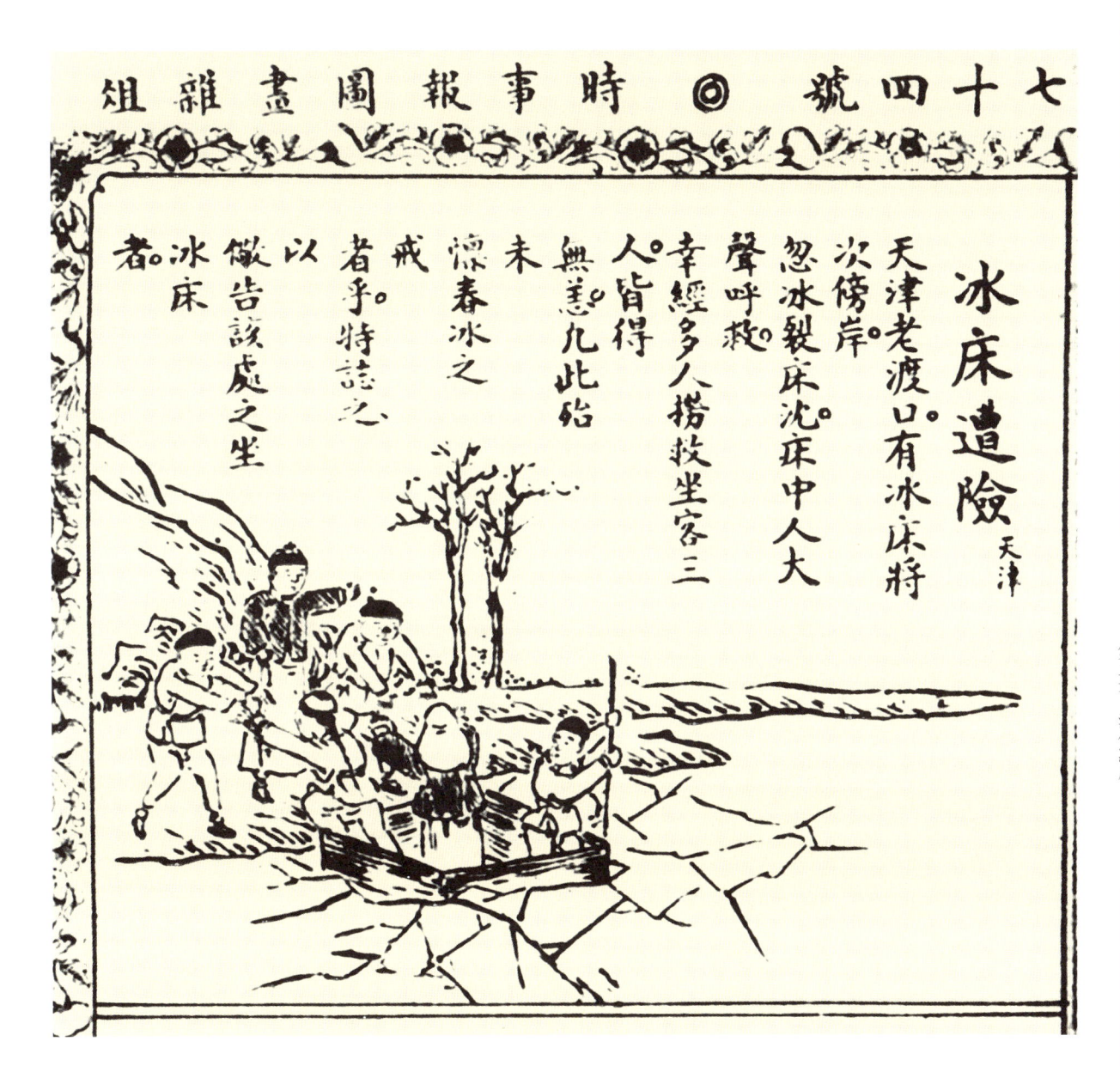

▲ 图 2-18《时事报》冰床遭险（天津）

《时事报》，光绪三十四年（1908年）正月二十六，七十四号

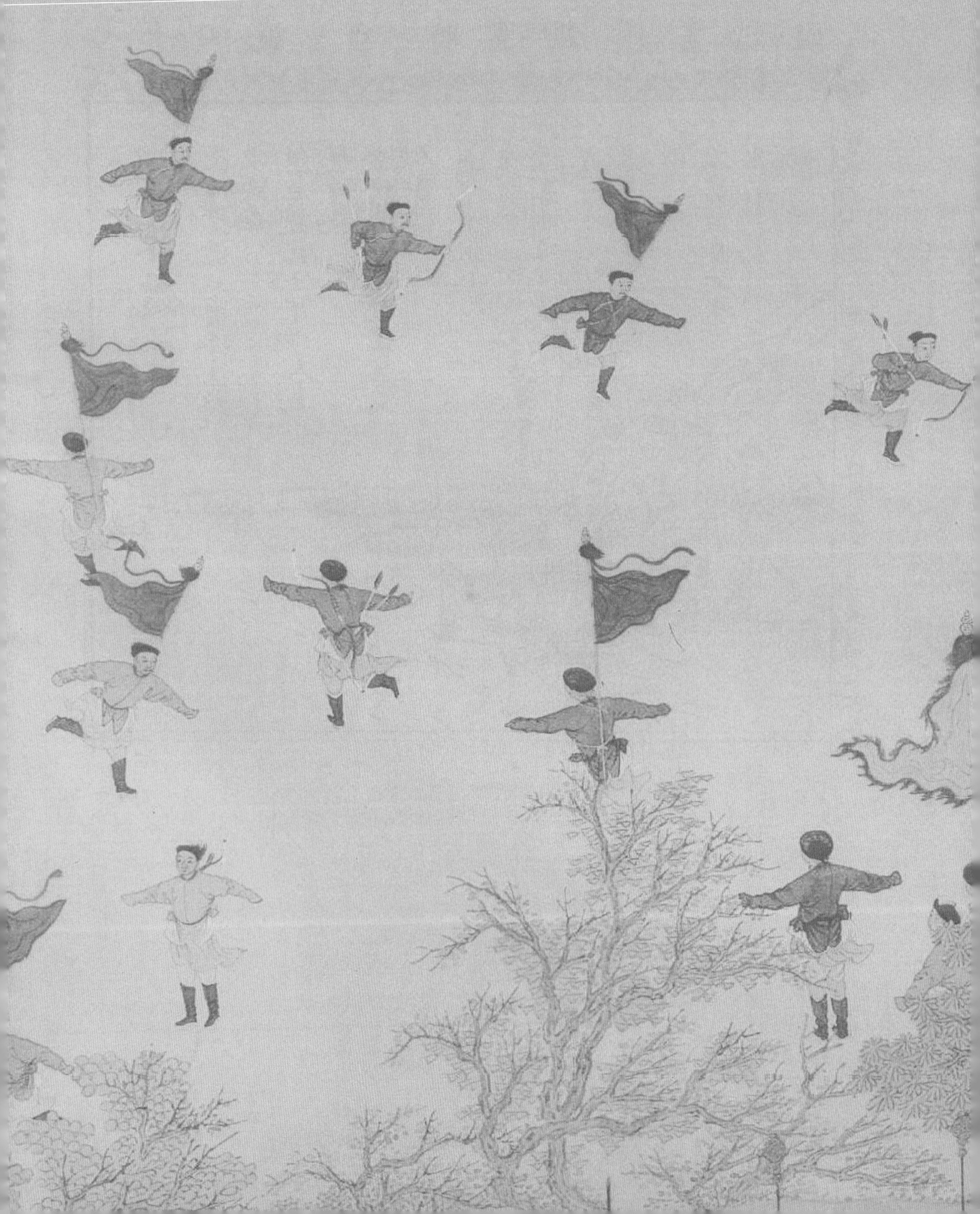

冰嬉篇

第三章
冰嬉的形成

冰嬉，亦称冰戏、冰技，是指萌芽于中国古代北方民族的冬季生产生活实践，形成于明末清初的传统冰上娱乐形式，其中包含多个运动项目。冰嬉中包含的"跑冰戏"和"蹴鞠之戏"等项目，早在努尔哈赤统治时期的后金宫廷就开始流行，后来成为清代宫廷冰上娱乐活动的泛称。乾隆十年（1745年），冰嬉以制度的形式出现在清王朝的国家盛典之中。此后，"冰嬉"一词被清代宫廷和民间广泛接受，逐渐成为中国北方冰上运动的总称。

入主中原的清朝主政者，将北方民族传统冰上活动与流传两千多年的宫廷百戏相结合，创造了冰嬉盛典，并写入清代的典志体史书之中。从此开始，冰嬉成为清代礼乐制度[1]中的重要庆典活动。起初的传统冰上娱乐活动转变为王朝国家超越民族、超越地域、超越时空的宫廷盛典。从这个角度来说，入关前的满族先民的冰上项目是乾隆时期冰嬉盛典的直接来源，宫廷百戏和传统戏剧是冰嬉盛典最终形成的重要因素。本章梳理冰嬉如何作为传统文化资源，从节庆娱乐到礼乐制度，从偶一为之到常规活动，最终演变为国家盛典的过程。

---

[1] 礼乐制度是西周时期开始建立起来的维护王朝国家统治的文化制度。春秋战国时期，西周建立起的礼乐制度开始瓦解。以孔子为代表的儒家是西周礼乐制度的坚定维护者。长久以来，儒家思想宣扬的礼乐文化及其价值，深刻地影响着中国传统思想文化，并在汉代以后成为王朝国家普遍认同的治国理念。本文所指的清代礼乐制度，与传统中国的"礼乐文化"一脉相承，是清朝始终遵循的国家文化制度。

七姓在三姓之西二百餘里之烏扎拉洪科等處性多淳樸地產菽麥雖知耕種而專以漁獵為生遇冬月冰堅則足蹈木板溜冰而射其婦女亦善伏弩捕貂衣帽多以貂為之土語謂之烏迪勒話歲進貂皮

△ 图3-1 《皇清职贡图·七姓》

（清）傅恒等纂，谢遂绘：《皇清职贡图》，台北故宫博物院藏。

此图为乾隆年间职贡图上绘制的七姓牛录。从图上描绘可知，当时生活在东北地区的人们，脚踏滑雪板进行冬季捕猎活动

第一节　天命十年：努尔哈赤的冰雪之路

向前追溯，乾隆年间的冰嬉盛典，至少可以溯源至天命十年（1625年）努尔哈赤在辽阳东京城外太子河畔举行的"跑冰戏"。这场冰上活动具有鲜明的节庆娱乐性质，是清代冰嬉盛典的雏形。与后世冰嬉盛典不同，努尔哈赤统治时期的冰上活动并没有特别严格的程序制度。参加人员包括后金统治集团内部的八旗、蒙古和汉官群体，属于统治集团的女眷亦可参加。《满文老档》曾记载了天命十年（1625年）跑冰戏的全过程：

> 乙丑年正月初二日，汗率众福晋、八旗诸贝勒、福晋、蒙古诸贝勒、福晋、众汉官及官员之妻，至太子河冰上，玩赏踢球之戏。诸贝勒率随侍人等玩球二次之后，汗与众福晋坐于冰之中间，命于二边等距离跑之，先至者赏以金银，头等各二十两，二等各十两。先将银置于十八处，令众汉官之妻跑往取之。落后之十八名妇人，未得银，故每人赏银三两。继之，将每份二十两银置于八处，令蒙古众小台吉之妻跑往取之。落后之八名妇人，各赏银十两。继之，将每份银二十两，金一两置于十二处，令众女儿，众小台吉之妻，福晋及蒙古之众福晋等跑之，众女儿、众贝勒之妻及福晋等先至而取之，蒙古众福晋落于后，故赏此十二名女儿金各一两，银各五两。跑时摔倒于冰上者，汗观之大笑。遂杀牛羊，置席于冰上，筵宴，戌时回城。[1]

天命十年（1625年）正月初二，努尔哈赤率领后金宫廷的主要官员及其家属，在太子河冰面上举行跑冰盛典。参加人员包括努尔哈

---

[1] 中国第一历史档案馆：《内阁藏本满文老档·太祖朝·汉文译文》，沈阳：辽宁民族出版社，2010年，第229页。

赤及福晋、八旗诸贝勒及福晋、蒙古诸贝勒及福晋、汉人官员及汉官夫人等人。地点是东京辽阳城以西的太子河冰面。冰上嬉戏的项目包括冰上踢球和跑冰两部分，其中男子参加的是踢球比赛，女子参加的是跑冰比赛。首先进行的是八旗和蒙古贝勒率随侍参加的冰上玩球。玩球两次之后，开始跑冰赛。跑冰赛中，努尔哈赤和福晋们坐在冰面中央，命令众女子从河两边等距离跑向努尔哈赤。跑冰赛分为三组。第一组是汉官之妻跑冰赛。在跑冰开始之前，先将银放置在冰面十八处既定位置，然后汉官之妻在冰面上奔跑抢夺冰面上的银两。奖励分为一等、二等和安慰奖。一等奖得奖励白银二十两，二等奖得奖励十两。之后落后的十八名妇人没得到银子，每个人得赏银三两。第二组是蒙古女子跑冰赛。先将每份白银二十两放置在冰面八处既定地点，然后蒙古台吉之妻在冰上奔跑夺取银两。奖励分为抢到冰面上的白银和赏银两种。八名没有得到冰面银两的女子各赏银十两。第三组是八旗和蒙古女子共同参加的跑冰赛。先将每份白银二十两、黄金一两置于冰面十二处，让八旗和蒙古女眷奔跑抢夺。奖励仍然分为抢到冰面上的金银和赏银两种。结果是八旗女儿、贝勒妻和福晋先到，得到放在冰面上的金银。蒙古福晋落后，所以给十二个蒙古福晋奖励黄金一两，白银五两。在跑冰活动结束之后，在冰面上宰杀牛羊，布置筵席庆祝。参加冰上活动的人们晚上才回到辽阳城（图3-2）。

从这段记载可以看出，努尔哈赤统治时期的跑冰戏与乾隆年间的冰嬉盛典相比，具有明显的娱乐特征。首先，此时的跑冰戏活动项目包含"踢球之戏"和"冰上跑"两项。其次，此时的跑冰戏参加人员是后金统治集团女真、蒙古、汉人中的贵族、官员及其亲眷。最后，跑冰戏的参与者涵盖后金统治集团内部不同民族、不同等级的人员。在"跑冰戏"活动结束后，所有参赛人员全都可以得到活动奖励，并一起参加冰上筵宴。

从天命十年（1625年）太子河畔跑冰戏的描述来看，后来，乾隆皇帝对冰嬉盛典的改造痕迹和改造思路，都有着鲜明的继承性。乾隆年间的冰嬉盛典，继承了太子河畔跑冰戏的核心内容，又增添了一

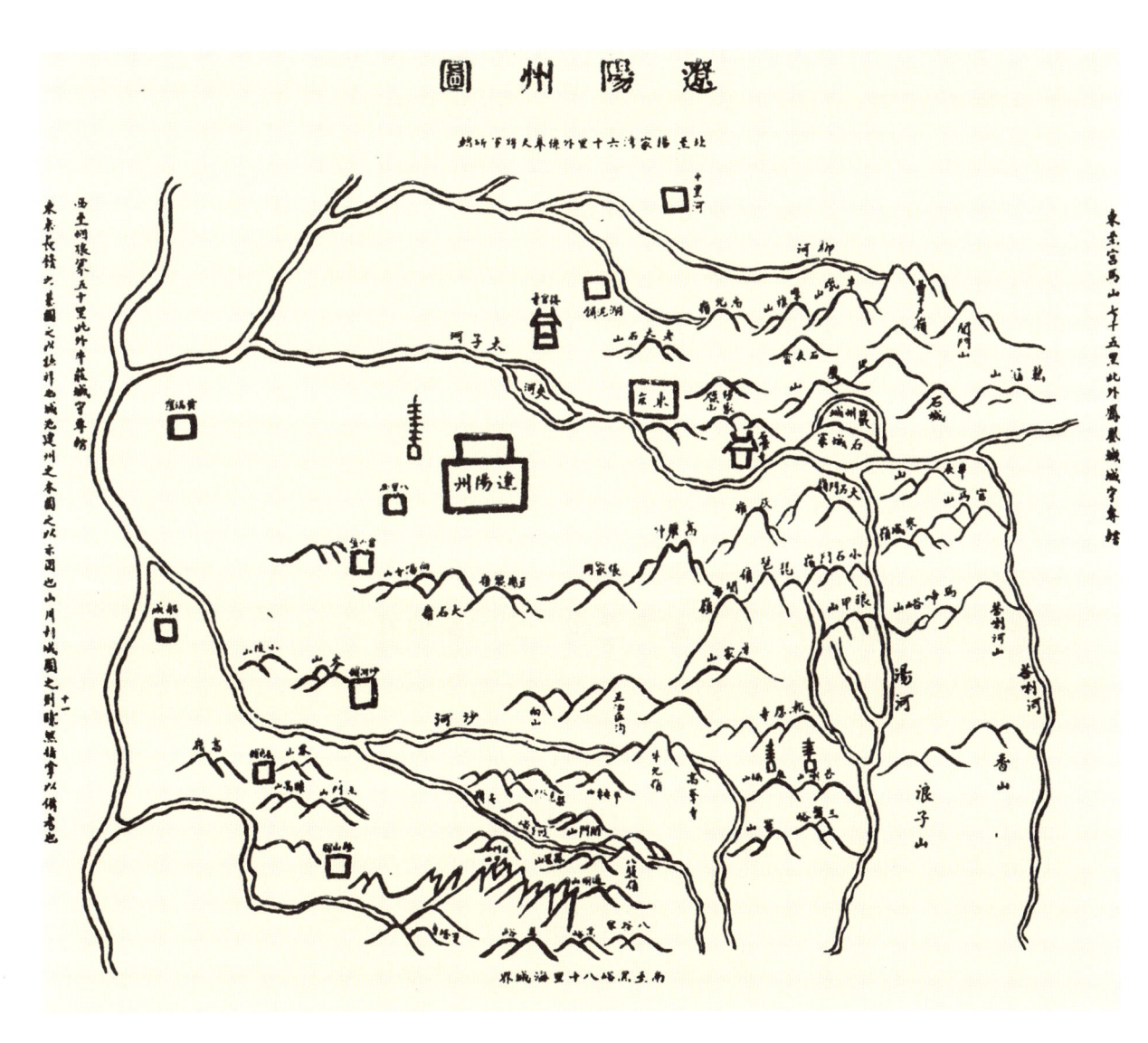

▲ 图 3-2 明代辽阳城、新建东京城与太子河相对位置

（清）杨镳纂修：《辽海丛书·辽阳州志》，沈阳：辽海书社，1934 年，第 6 页

些新的内涵。后金时期的跑冰戏，早已流行于宫廷之中，但跑冰戏在节日庆典中的娱乐性要远远高于宫廷仪式的展示。乾隆对冰嬉盛典的改造，增添了与礼制有关的内容。首先，冰嬉盛典在原有跑冰戏项目的基础上，增添了"转龙射球"一项，并融入了传统宫廷百戏的表演。这无疑加深了王朝国家"生民"的"自我文化认同"意识。其次，乾隆年间，冰嬉盛典的表演者没有女性。这是因为冰嬉承载了国家典礼的功能。在传统性别观念的影响下，无论是"军礼"还是"宾礼"，男性表演更适合王朝国家的大型典礼和集会。最后，太子河畔跑冰戏结束后的冰上筵宴，并不是后世冰嬉盛典的必要组成，但却是新年朝会"宾礼"筵宴的组成部分。乾隆皇帝继承冰上筵宴的传统，同时改造了筵宴形式和参加人员的构成。这也是为了凸显王朝国家认同做出的努力。

第二节　崇德七年：从"蹴鞠之戏"到国家典礼

随着皇太极攻朝鲜、平蒙古等一系列军事行动的胜利，清朝（后金）实际控制的疆域逐渐扩大。外藩势力逐步进入清朝（后金）政治生活之中。与此同时，清朝（后金）塑造王朝国家的努力仍然继续。宫廷冰上活动的节庆娱乐和礼乐教化功能进一步融合。崇德元年（1636年），皇太极改国号为清，定都盛京。改元后，皇太极有意识地吸收融合北方民族和传统中原民族的文化传统，依照"参汉酌金"的原则，建立与明朝相似的政治制度。在清朝政治制度创建初期，与外藩有关的礼乐制度也逐步完善。清代冰上活动包含的王朝国家"自我认同"观念和外交功能，应该初创于皇太极统治时期。崇德年间，皇太极在盛京城外浑河河畔举行过"蹴鞠之戏"。这场冰上活动是由来清的朝鲜使团人员记录下来的，保存在《昭显沈阳日记》中。《昭显沈阳日记》是朝鲜昭显世子在盛京做人质时，对皇太极政权重要历史事件的记录，具有很高的史料价值。这部史书记录了崇德七年（1642年）皇太极在盛京浑河冰面上举行"蹴鞠之戏"的历史。此次"蹴鞠之戏"相距天命十年（1625年）跑冰戏不到20年。这一记录对我们了解清军入关之前，冰嬉活动的内在演进过程具有重要意义。

初八日戊寅晴

世子在沈阳馆所。满将以其帝言送通事来日："即往冰江观蹴鞠之戏。世子大君当同往观之。"云："食后从南门出，列阿里江畔。"世子大君随行内官员司书赵全素、司仆主簿朴洞、禁军三员、九质子应从。少留江上观戏，仍往贵永介庄舍设酒食，日暮乃还，从东门入。[1]

十五日乙酉晴

世子在沈阳馆所停望殿礼。宰臣讲院医馆问安，答日知道。赐宰臣讲院香饩酒馔。清主又往阿里江设蹴鞠之戏，从东门出，世子随行，大君面有肿候，不可以风，辞谢不诣。内官二员文学南老星司御许。遂宣传官申可贵李卓男，禁军三员陪往观戏。后仍往牧马庄舍设酒食，一如前诸质子应从日入城。[2]

壬午年正月初八和十五，也就是崇德七年（1642年）过大年期间，皇太极在盛京城外举行"蹴鞠之戏"。"阿里江"就是浑河。浑河在盛京城的东南方，出城东门和南门就可以到达冰面（图3-3）。正月初八，朝鲜昭显世子和凤林大君随清朝官员从盛京城南门出，一同到浑河冰面观看"蹴鞠之戏"。观"蹴鞠之戏"之后，所有参加人员在庄舍设筵宴庆祝。傍晚时分，一行人马再从东门回城。七天之

---

[1] 弘华文：《燕行录全编·昭显沈阳日记》，桂林：广西师范大学出版社，2015年，第61页。
[2] 弘华文：《燕行录全编·昭显沈阳日记》，桂林：广西师范大学出版社，2015年，第63-64页。

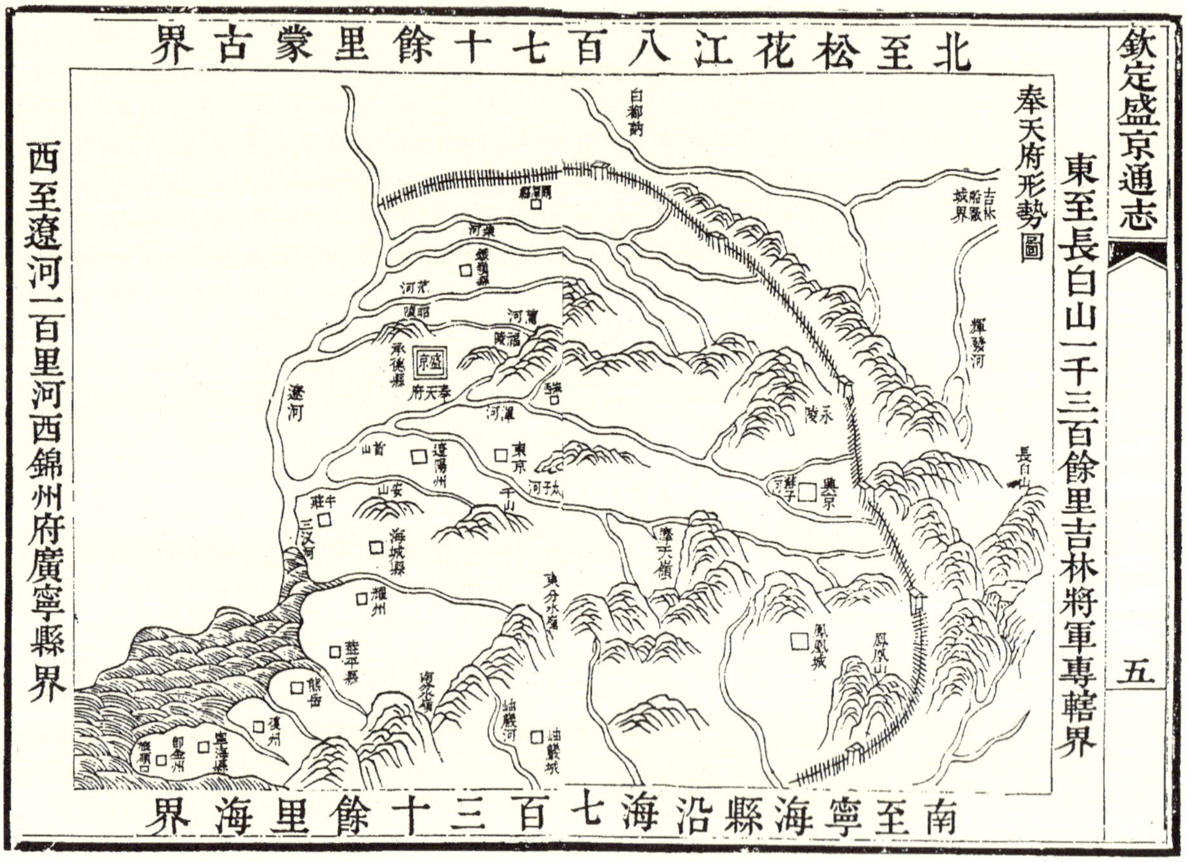

△ 图 3-3　奉天府形势图

（清）阿桂、董诰：《盛京通志》，乾隆四十四年刻本

后，也就是正月十五当天，皇太极又在浑河举行"蹴鞠之戏"。此次观戏仍有昭显世子随行，由盛京东门出。观戏后又在庄舍宴饮，之后回城。这两段记载虽然没有说明"蹴鞠之戏"的表演过程，却也透露出一些很重要的信息。天命十年（1625年）努尔哈赤举行的跑冰戏就包含"玩赏踢球"一项。皇太极在浑河畔举行的冰上"蹴鞠之戏"无论是活动时间还是活动内容，都延续了天命年间的传统。

这场在新年期间举办的"蹴鞠之戏"，处于天命年间跑冰戏与乾隆年间冰嬉盛典之间，纵观清代冰嬉的演进历史，崇德七年（1642年）的"蹴鞠之戏"具有明显的承前启后特征。首先，蹴鞠之戏完全继承了后金宫廷在新年期间的冰上节庆娱乐活动。同时，参加观看"蹴鞠之戏"的人员增加了藩属国的世子和大君。崇德年间浑河畔的"蹴鞠之戏"，参与人员更为复杂，且观看人员并不直接参与到活动之中，而是纯粹以观礼者的身份出现。显然"蹴鞠之戏"中节庆娱乐的因素在下降，国家典礼的因素在上升。此时，"蹴鞠之戏"已经演变为清朝皇家举办的，具有节日庆典性质的官方典礼活动。

崇德元年（1636年），皇太极为稳定政局进攻明朝，首先发兵朝鲜，安定后方。这场进攻朝鲜的战争史称"丙子之役"。丙子之役后，朝鲜成为清朝的藩属国，朝鲜仁祖的长子及次子赴盛京做人质。昭显世子和凤林大君是清朝与朝鲜外交的标志人物。崇德七年（1642年）的"蹴鞠之戏"，参加人员除清朝官员之外，朝鲜世子和大君一同观礼。受邀观看"蹴鞠之戏"是清朝对藩属国一种高规格的外交礼遇。虽然这与乾隆年间马嘎尔尼使团访华具有本质差别，但在清朝主政者看来，二者都属于传统的"朝贡体系"，并没有太大差别。因此，崇德七年（1642年）浑河河畔的"蹴鞠之戏"已经具有了"宾礼"的功能，被赋予了明确的政治和外交意义，并被乾隆皇帝借鉴，应用于新年冰嬉盛典之中。

和天命十年（1625年）"跑冰戏"相互参照，崇德七年（1642年）"蹴鞠之戏"的参加人员也应该包括在朝的蒙古贵族和汉官。观戏之后，参加人员在庄舍开筵宴，共同庆祝节日。从出城观戏至筵宴结束回城，大概是一整天的时间。这与天命十年跑冰戏的流程基本一致。不同的是天命十年（1625年）跑冰戏结束以后，直接在冰面上开设筵宴。而崇德七年（1642年）蹴鞠之戏后，在庄舍布设酒食，"宾礼"特征逐渐显现。崇德七年（1642年）冰上"蹴鞠之戏"是对天命十年（1625年）"跑冰戏"的继承和发展，无论是活动规模、完善程度，还是赋予活动政治意义，都要更胜一筹。

其实在后金以及更早的历史时期，以跑冰戏和"蹴鞠之戏"为代表的冰上活动，就是满族先民重要的冬季娱乐活动。在后金政权建立之后，主政者在满、蒙、汉文化中汲取营养。在保持冰上活动节庆娱乐特点的同时，融入了更多国家典礼的因素，承载着重要的政治功能。崇德年间的"蹴鞠之戏"成为被天下子民接受的，具有初步"自我认同"意识的国家庆典。清军入关之后，跑冰戏和"蹴鞠之戏"经过新一轮的改造，融入更多汉地文化因素，成为乾隆年间"军礼"和"宾礼"的重要内容，也成为最具冬季特色的国家典礼。

第三节 康熙年间："掷球之戏"的表演

清军入关以后，原来流行在白山黑水的冰上娱乐活动，逐渐与王朝国家的宫廷庆典活动再次融合。康熙年间，康熙皇帝的近臣高士奇在《金鳌退食笔记》中记录了西苑太液池玩球的过程。[1] 康熙年间太液池的"掷球之戏"，反映了清朝初年，清王朝对关外冰上"蹴鞠之戏"的继承和延续。同时，康熙年间的"掷球之戏"，又与乾隆年间冰嬉盛典的活动地点、项目规则基本相同。这说明冰嬉盛典中的一部分制度，在康熙年间已基本形成。乾隆朝对冰嬉盛典的改造主要体现在制度层面。从天命十年（1625年）至乾隆十年（1745年），王朝国

---

[1] （明）刘若愚，（清）高士奇：《明宫史·金鳌退食笔记》，北京：北京古籍出版社，1982年，第118-119页。

家传统冰上活动的节庆典礼因素，最终演变为国家礼乐制度。

康熙年间，距离天命十年"玩赏踢球"已过去几十年，反映了清军入关后，皇家冰上"掷球之戏"的场景。"又于冰上作掷球之戏，每队数十人，各有统领，分伍而立，以皮作球，掷于空中，俟其将堕，群起而争之，以得者为胜。或此队之人将得，则彼队之人蹴之令远。喧笑驰逐，以便捷勇敢为能。本朝用以习武。所著之履，皆有铁齿，行冰上不滑也。"[1] 这段记载将冰上玩球称作"掷球之戏"。"掷球"强调"掷"的动作，与踢球有一定区别。比赛分为两支队伍，每队有数十人。每队都有头领，所有人员按照队形站立。比赛时，将皮球抛向空中，等到皮球下落时，所有队员奋起争抢。得到球的一队获胜。在抢球过程中，为不让对方得球，本方队员可将快落地的皮球踢远，再重新争抢。这种比赛方式与现代橄榄球有诸多相似之处。参加掷球之戏的队员脚穿带铁齿的特制冰鞋，主要是为了冰上防滑。而在皇家禁苑开展"掷球之戏"是为了训练武事，也就是军事训练的需要。

清代康雍乾时期的文献《帝京岁时纪胜》记载："金海冰上作蹙（蹴）鞠之戏，每队数十人，各有统领，分位而立，以革为毬，掷于空中，俟其将坠，群起而争之，以得者为胜。或此队之人将得，则彼队之人蹴之令远。欢腾驰逐，以便捷勇敢为能。将士用以习武。昔黄帝作蹙鞠之戏以练武，盖取遗意焉。"[2] 这段记载与《金鳌退食笔记》十分相似，项目名称由"掷球之戏"变成了"蹙（蹴）鞠之戏"。可见，对于冰上抢球活动，当时记录的项目名称也是不统一的。但此处关于用皮革制球，追溯蹴鞠之戏起源于黄帝的记录，丰富了《金鳌退食笔记》的记载。

我们再来关注清中期史料笔记《养吉斋丛录》中的记载。《养吉斋丛录》著者吴振棫，嘉庆年间进士，他在书中记载有关皇家禁苑之事就包括冰嬉盛典。"冰嬉之制，所以习武行赏，俗谓跑冰鞋。即

---

[1] （清）高士奇：《金鳌退食笔记·卷上》，上海：商务印书馆，1936年，第2页。

[2] （清）潘荣陛、富察敦崇：《帝京岁时纪胜·燕京岁时记》，北京：北京古籍出版社，1981年，第38页。

《金鳌退食记》所载西苑冰上掷毬（球）之戏，而实不止掷毬（球）一事。"这句话清晰地说明康熙时期"掷球之戏"和"冰嬉"的关系。吴振棫认为冰嬉就是康熙时期的"掷球之戏"。而所谓"掷球之戏"不仅仅是"掷球"一项，还包括其他项目。吴振棫乾隆五十五年（1790年）生人，嘉庆十九年（1814年）进士，在朝为官多年，是乾嘉时期重要活动庆典的亲历者。吴振棫很可能亲历过乾隆和嘉庆年间的冰嬉盛典，深知除抢球之外，冰嬉盛典至少还包括"抢等"和"转龙射球"两项。他将冰嬉与康熙朝"掷球之戏"相联系，还推测此时的冰上活动包含其他竞技项目。由康熙朝"掷球之戏"向前追溯，天命十年的跑冰戏同样包含多个项目。可以说，从努尔哈赤时期到乾隆时期，冰嬉盛典的形成脉络逐渐清晰。

《养吉斋丛录》对抢球过程的描写比《金鳌退食笔记》更加详细。"继曰'抢球'。兵分左右队，左衣红，右即衣黄。既成列，御前侍卫以一皮毬（球）猛踢之至中队，众兵争抢，得毬（球）者复掷，则复抢焉。有此已得毬（球），而彼复夺之者；或坠冰上，复跃起数丈，又遥接之。"[1] 抢球是冰嬉活动的第二项。八旗兵分左右两队，排成阵列。御前侍卫将皮球踢飞，两队开始争抢。抢到球的人再将球掷出去，两队继续争抢。一队得球，另一队可以继续抢夺。球如果落在冰面上弹起，也可以抢夺。都是冰上抢球项目，《金鳌退食笔记》记载只要是得到皮球的人，就获得胜利。与《金鳌退食笔记》的记载略有不同，《养吉斋丛录》记载得球之后，两队还可以继续争抢，并未分胜负。

冰嬉与冰上蹴鞠之间的渊源十分清晰。后金时期，"蹴鞠之戏"就是满族先民重要的冬季冰上娱乐活动。除娱乐之外，"蹴鞠之戏"还承载着后金政权重要的庆典功能和政治功能。清军入关之后，冰上"蹴鞠之戏"作为满族传统活动，保留了满族原始风俗，勿忘祖业和训练武事的功能。到了清末，"蹴鞠之戏"由皇家传向民间，成为清末民国百姓冬日消遣娱乐的重要活动。冰上"蹴鞠之戏"的发展过程就是冰嬉活动的发展历程。

---

[1] （清）吴振棫：《养吉斋丛录》，北京：中华书局，2005年，第191-192页。

第四节　乾隆年间：冰嬉盛典的形成

一、乾隆七年至乾隆十年：冰嬉盛典的雏形

瀛台在清代是帝王听政、避暑、较射、阅视武举和冰嬉的场所，因此考察清代帝王冬季"幸瀛台"的情况，可以探究冰嬉制度的形成过程。由于京师气候原因的限制，清代集中训练冰嬉的时间是在"十、冬、腊、正"四个月。皇帝阅视冰嬉的时间一般是在冬至之后，多在冬月或腊月，偶尔会在正月。通过对清代文献的整理发现，在《清实录》及皇帝起居注中，乾隆十年（1745年）之前，没有有关帝王阅视冰嬉的记载。康熙朝之前，没有腊月"幸瀛台"的记录。雍正年代，文献记载的腊月"幸瀛台"，是为了观看武举，而不是阅视冰嬉，可见冰嬉在乾隆朝之前并没有形成国家制度。乾隆年间是清代冰嬉盛典形成和走向鼎盛的关键时期。乾隆元年至乾隆十年，皇帝在冬至之后"幸瀛台"的记载如表 3-1。

表 3-1　乾隆元年至乾隆十年，"幸瀛台"情况一览
（据《清实录》整理）

农历干支记日时间	当日农历及数九	公历时间	活动内容
乾隆二年丁巳 十二月丁酉	腊月十四 （五九第七天）	1738 年 2 月 2 日	幸瀛台
乾隆七年壬戌 十二月戊子	腊月初三 （一九第八天）	1742 年 12 月 29 日	幸瀛台
乾隆七年壬戌 十二月庚寅	腊月初五 （二九第一天）	1742 年 12 月 31 日	幸瀛台，赐准葛尔使臣吹纳木喀筵宴。
乾隆七年壬戌 十二月壬辰	腊月初七 （二九第三天）	1743 年 1 月 2 日	奉皇太后幸瀛台
乾隆七年壬戌 十二月丁未	腊月廿二 （三九第九天）	1743 年 1 月 17 日	幸瀛台

（续表）

农历干支记日时间	当日农历及数九	公历时间	活动内容
乾隆九年甲子春正月壬午	正月初四（七九第三天）	1744年2月16日	幸瀛台，御大幄次。赐准格尔使臣图尔都宴。
乾隆九年甲子十一月癸巳	冬月二十（一九第三天）	1744年12月23日	幸瀛台
乾隆九年甲子十一月己亥	冬月廿六（一九第九天）	1744年12月29日	幸瀛台
乾隆九年甲子十一月壬寅	冬月廿九（二九第三天）	1745年1月1日	幸瀛台
乾隆九年甲子十二月戊申	腊月初五（二九第九天）	1745年1月7日	幸瀛台
乾隆十年乙丑十二月庚子	腊月初三（一九第五天）	1745年12月25日	幸瀛台

简要分析一下乾隆元年至乾隆十年皇帝"幸瀛台"的情况。乾隆二年"幸瀛台"一次，此时是五九第七天，两天后即是立春。根据京师的气候条件推测，此时不太可能举办大型的冰上活动。乾隆五年十月，乾隆曾传谕对瀛台进行修葺。《清实录》载：丙辰，"内务府前以瀛台建造多年，不无损缺，奏请修葺。朕已允行，可传谕内务府总管等，但取完整，不得过于华饰以蹈前失。"推测这次修葺的目的很可能是举办冰上大型活动的需要。乾隆七年腊月，"幸瀛台"四次，且都在头三九，与后来记录的阅视冰嬉的时间非常接近，很有可能就是乾隆朝冰嬉盛典的发轫时期。乾隆八年东巡谒陵，因此未在冬至后"幸瀛台"。乾隆九年正月幸瀛台，赐准格尔使臣图尔都宴时，"可随意醉饱，以尽尔欢，勿以大礼所在，致生拘束。所演各艺，尔详细观看。"这条记载中的"所演各艺"是否包含类似后来冰嬉盛典的表演，还不得而知。乾隆九年冬月和腊月共四次、乾隆十年一次，也都在三九之内，推测和乾隆七年"幸瀛台"的目的是一样的，都是进行冰上活动表演，但此时还没有正式形成固定的项目和定期阅视的制度。

乾隆七年至九年期间，张九钺在《紫岘山人诗集》中载有《鞠蹴篇》和《冰鞋篇》两首诗，描绘了冰上蹴鞠和人与马冰上竞速的表演。这两首诗很可能就是作者在观看了乾隆七年或乾隆九年腊月某日的冰上表演后写成的。《冰鞋篇》中"内府掷黄封，跪顶金三锊"的诗句说明这场表演是由乾隆皇帝亲自阅视的，奖赏士兵的金银是由内务府预备的。这说明，此时的冰上检阅已经构建起了冰嬉制度的基本框架。但两首诗的标题和诗句之中均未出现"冰嬉"二字，从一个侧面也可以推测此时并没有"冰嬉"这个词汇。

二、乾隆十年：冰嬉盛典的正式形成

冰嬉盛典作为国家庆典制度的组成部分，正式纳入国家典礼是在乾隆十年（1745年）。这一年，乾隆采取了一系列措施将冰嬉盛典确定下来。

首先，乾隆皇帝亲笔撰写了《冰嬉赋》，首次提出"冰嬉"一词。据《石渠宝笈续编》记载，宁寿宫藏有御笔《冰嬉赋》一卷，并著录"乾隆乙丑季冬长春书屋御制并书"，说明这是乾隆十年腊月在长春书屋写成的。故宫博物院现藏有《御制冰嬉赋》（图3-4）一册，据《清代内府刻书目录解题》介绍，该书为清高宗乾隆撰，清乾隆十年武英殿刻朱墨套印本。乾隆二十九年（1764年）正月，乾隆与傅恒、刘统勋、于敏中等人以冰嬉联句，联句最后一句乾隆说："芸帷试重披长赋，瞥眼东风十九年。"这也印证了《御制冰嬉赋》是于十九年前（即乾隆十年）写成的。以《御制冰嬉赋》为标志，该项活动因为帝王亲自做赋而上升为国制。"冰嬉"一词即起源于这篇《御制冰嬉赋》，嵇璜在其《瀛台冰嬉恭赋》中明确写道："本水战之余技，赐嘉名以冰嬉。"

其次，乾隆皇帝将《御制冰嬉赋》传示内廷大臣，以示重视，并命各作一篇赋，以加深群臣对冰嬉盛典重要性的认识。《石渠宝笈续编》记载："乾隆乙丑嘉平月，皇上岁余讲武，集八旗羽林于太液池，修冰嬉之旧典，御制为赋。传示内廷诸臣，并命各赋一篇进呈。复敕画史，绘图成卷。"（图3-5）最终，梁诗正、汪由敦、蒋溥、钱陈

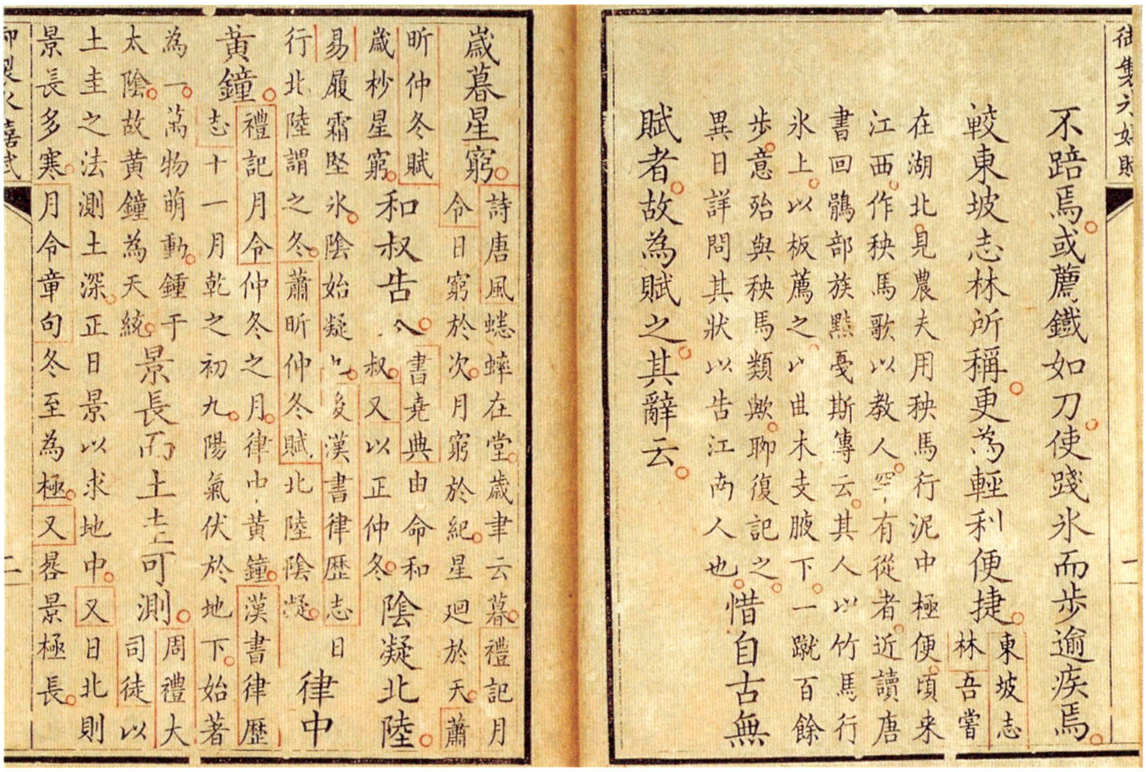

△ 图3-4 《御制冰嬉赋》书影

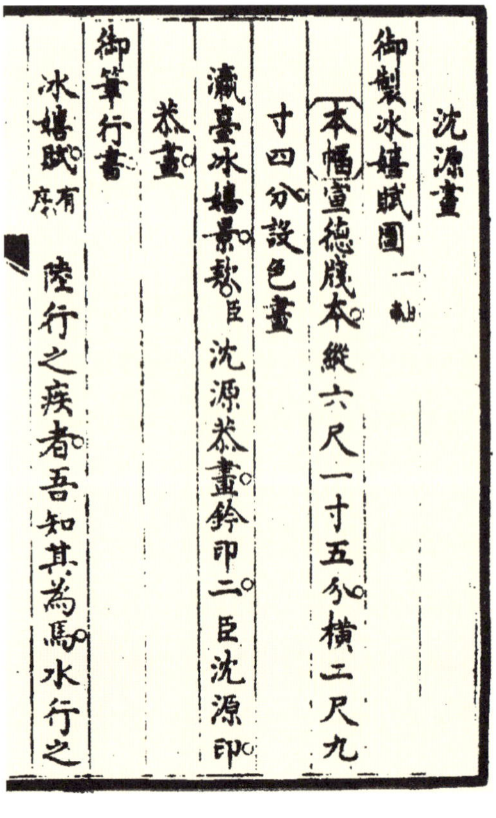

◁ 图3-5 《石渠宝笈续编》书影·御制冰嬉赋图

故宫博物院编：《故宫珍本丛刊·石渠宝笈续编》，海口：海南出版社，2001年，第191页

群、励宗万、张若霭、嵩寿、介福、嵇璜、裘曰修、董邦达、德宝和刘统勋等内廷文武十三人均作《瀛台冰嬉恭赋》。从这十三首应制文来看，其主要内容大同小异，全都在乾隆所作《冰嬉赋》框架之内，并异口同声地赞颂了冰嬉之制。但其中亦有一些描写，如对冰鞋、项目的描写，对于研究这个时期的冰嬉具有很高的史料价值。

再者，在乾隆御笔《冰嬉赋》之后，将冰嬉盛典提升到新的高度，将冰嬉确定为"国俗"，并御题"国俗大观"四字。乾隆十一年（1746年）四月，画师沈源在乾隆御笔之后白描瀛台冰嬉图，各臣工依次亲自将所作之赋书于其后。《石渠宝笈续编》所载宁寿宫藏御笔《冰嬉赋》一卷乃成。

最后，乾隆皇帝还命宫廷画师将冰嬉盛典的活动场景描绘记录，命名《冰嬉图》长卷。《冰嬉图》与同时期《万寿图》《南巡图》等描绘国家大事的宫廷纪实类图画同等对待。《内务府造办处各作成做活计清档》（图3-6）记载："（乾隆十年）十二月初八日，太监胡世杰传旨：'著画《瀛台冰嬉赋图》。'"另有："乾隆十一年二月初五日，柏唐阿张文辉持来员外郎金昆、七品官赫达色押帖一件，内开为十年十二月初八日太监胡世杰传旨著画《瀛台冰嬉赋图》，钦此。"[1] 由此可见，乾隆十年（1745年）腊月初八，传旨画院处创作《瀛台冰嬉赋图》。翌年二月初五，历经近两个月的时间画成。这幅图应为现存于故宫博物院的金昆、程志道、福隆安合绘《冰嬉图》卷。

乾隆十年，乾隆皇帝将这项清单活动命名为"冰嬉"。自此，阅视冰嬉成为定制。

阅视冰嬉在乾隆时期成为定制不是偶然形成的，而是历史发展的必然。自古以来，满族先民就有在冰雪条件下生产生活的实践，在满族逐步强大并建立清朝的历史中，特别是自努尔哈赤起历代帝王（大汗）的冬季征战中，体现出掌握驾驭冰雪的技能对于清朝军队的重要作用，引起了帝王对军队冰上技能的重视。努尔哈赤、皇太极以及康

△ 图3-6 《内务府造办处各作成做活计清档》书影

---

[1] 中国第一历史档案馆、香港中文大学文物馆合编：《清宫内务府造办处档案总汇 14》，北京：人民出版社，2007年。

熙等帝王倡导的冰上活动，为冰嬉盛典的形成做了准备。如前文所述努尔哈赤天命十年（1625年）举办的"冰上的运动会"、皇太极举办的冰上蹴鞠活动、康熙太液池的"掷球之戏"，后来冰嬉盛典习武、行赏、宣示国威的功能和这些活动体现的功能一脉相承。

清军入关以后，尊崇"首崇满洲"的原则，重视满语、骑射、摔跤等满族风俗，建立了较射、武举等例行制度。较射、武举等例行制度的施行，对于促进军队建设、巩固政权有重要作用。在军队中引入冰嬉可以完善清朝军事检阅的覆盖面。较射主要是对上三旗的检阅，武举是对全国军事人才的选拔和检阅，而冰嬉是对八旗和内务府三旗的检阅。冰嬉制度建立以后，在京城内形成了覆盖全国、八旗、内务府三旗和上三旗的检阅制度，这些检阅制度是对三年一次的大阅兵制度有益的补充。

康熙二十年（1681年），为巩固北方边防，保持军队骁勇善战的本色，防止居功骄奢颓废，时刻保持居安思危的警惕之心，修建了木兰围场，皇帝亲自参加围猎，此项活动被称为"木兰秋狝"。乾隆对康熙这位雄才大略的祖父非常尊崇，深知木兰秋狝的重要意义。乾隆六十年（1795年）《洪范九五福之五曰考终命联句有序》诗中有"嬉冰哨鹿庆隆舞，月姊日兄皇地示"的句子，该诗注解写道："国朝旧俗有冰嬉之技，每岁冬太液冰坚，八旗分棚掷毬（球）、演射。上亲临校阅，按等行赏。御制《冰嬉赋》，篇中以旗勇均赐而归，本于观德之义。又己巳岁，御制《哨鹿赋》，序中有'皇祖昔喜哨鹿，朕冲龄随待，习闻其事，年来亦亲试为之，嘉其有合于圣经之语'。至癸酉又御制《后哨鹿赋》，申言后法先垂，诰戒习众，不可忘先代遗规之意。至宴飨大礼，所用庆隆舞，则状列祖开刱（创）武功，声容具备，为大乐最盛之奏，御制《新乐府首咏》。是事三者，皆国家旧俗遗风，可以垂示万世。"从注解看，乾隆年幼时随侍康熙哨鹿，并于乾隆十四年（1749年）作《哨鹿赋》，乾隆十八年（1753年）又作《后哨鹿赋》，深知其祖父"诰戒习众，不可忘先代遗规之意"。据《啸亭杂录续录》卷一记载："国家肇兴东土，旧俗所沿，有喜起、庆

飞骑蓝旗谷箐拱
宣猎纵两翼挑
中权待睑以出
笑雒日视地而
驰憩昔年时久
择肥豨命中哉
非示象弟忘前
细思顾合为君
道不息自强曰
體乾

▲ 图 3-7 《高宗围猎图》（局部）

隆二舞。……又于庭外丹陛间，作虎豹异兽状，扮八大人骑禺马作逐射状，颇沿古人傩礼之意，为之庆隆舞。列圣追慕祖德，至今除夕、上元筵宴皆沿用之，以见当时草昧缔构之艰难也。"[1]诗中将冰嬉和哨鹿、庆隆舞相提并论，是因为三者"皆国家旧俗遗风，可以垂示万世。"乾隆举办冰嬉盛典，完善了冬季的训练体系，其政治意义和木兰秋狝是一致的。（图3-7）

日益贫困的八旗生计问题，以及由此带来的军事能力的下降，使清朝统治者忧心忡忡。举办冰嬉盛典可以在一定程度上起到缓解作用。自清军入关以后，频繁的战争导致不少旗人无力照顾自己的土地。加上人口的剧增，通过制度特权建立起来的以旗地、俸饷、月米为基础的八旗生计保障体系被打破。"随着八旗生计保障体系的被打破，八旗兵丁日渐贫困化，以及逐渐趋向奢靡后的'贫困下的奢靡'，都直接影响到八旗军事能力。"[2]虽然顺治、康熙、雍正都曾采取了措施来改变这一状况，但仍不能有效解决这一因八旗制度带来的问题。乾隆创办冰嬉盛典的一个重要目的就是"行赏"，并且"勇者特旌，任者均赐"（《御制冰嬉赋》）。当然，靠岁末冰嬉盛典的这点赏赐同样不能根本改变八旗生计问题，但作为其措施之一，还是有一定的缓解作用的。

皇帝亲自参加的礼乐活动，特别是乾隆四年（1739年）在南苑的大阅兵，为冰嬉盛典提供了形式和内容借鉴。在形式上，参加受阅的队伍来自八旗，皇帝亲自阅视（图3-8）。阅视时仪式感很强，阅视结束后进行赏赐，这些都在阅视冰嬉时有体现。在内容上，奏军乐、树大纛、列阵等也都在阅视冰嬉时有体现。乾隆四年，乾隆在南苑举行大阅兵。据《乾隆帝起居注》记载："巳时，上躬擐甲胄，连发五矢皆中的。乘骑巡视军营，御黄幄，诸王分列。躬坐黄幄中，诸大臣赐坐黄幄之旁。幄前吹海螺三次，官兵皆吹海螺三次。齐放大炮

---

[1] （清）昭梿撰，冬青点校：《啸亭杂录续录》，上海古籍出版社，2012年，第263-283页。

[2] 王志强：《清前期八旗生计问题研究》，中国人民大学清史研究所博士学位论文，2011年。

▲ 图 3-8 乾隆大阅图·列阵（局部）正黄旗列阵

及骑兵鸟铳九次，进步连环齐放，声震山谷，烟飚腾涌。向前趋进时，官兵齐声发喊，军威严整。事毕，收兵复回原伍排列，命赐在事大臣、官员及兵丁等貂皮、银、俸各有差。"乾隆十年，钱陈群在其《瀛台冰嬉恭赋》中写道："因地呈能，顺时布泽。巡方而朔漠扬威，练众而巧捷奏力。岁功既成，讫可休息，乃行健之法天。自朝至于日中昃，不遑暇食，恩必遍逮。寓赏于责，斯受之者不诬，而收之者可覈。昨者分命诸王，陪以列卿，阅射郊外，以厉府兵。犒以第而施，技以赉而精。镌感激以腾跃，披众志而成城。"钱陈群认为乾隆阅视冰嬉和"阅射郊外"是一脉相承的，其目的都是厉兵、行赏，只不过地点不同、时间不同而已。

稳定的政局使阅视冰嬉形成常例变为可能。清军入关以后，国内形势依然动荡不安，国内及边境战争不断，政府是无力连年举办阅视冰嬉这样的大型活动的。到康熙朝，经过擒鳌拜、平三藩、收台湾、驱沙俄、征噶尔丹之后，清朝政局日趋稳定。至雍正朝，这位勤政的皇帝大力整饬吏治、清理财政，充盈了国库，为乾隆朝的繁荣夯实了基础，像阅视冰嬉这样的需要每年耗费不菲银两的盛典才能得以创办并形成制度。

三、冰嬉盛典形成的客观因素

相对成熟的冰上运动器材、确定的活动流程、适宜冰雪运动的自然气候和位置绝佳的活动场地都是冰嬉盛典可以成为国家庆典的客观因素。

冰鞋的发展，为冰嬉表演提供了装备支持。专门用于冰上活动的冰鞋大致包括两种：一种是防止滑倒的带铁齿的冰鞋，其功能类似于冬季冰上捕鱼时穿的冰爪；另一种是提高冰上滑行速度的带冰刀的冰鞋。带铁齿的冰鞋适合冰上的有身体接触的运动，冰上抢球的游戏就是穿这种冰鞋。带冰刀的冰鞋适合冰上竞速和花样表演。从乾隆十年（1745年）金昆等人绘制的院画《冰嬉图》中，可以看到抢球项目和转龙射球项目士兵们所穿的冰鞋是不同的。乾隆时期，制作铁制冰刀已经不是什么难事。张九钺《冰鞋篇》中"冰鞋制绝奇，其底界中铁。扶寸磨晶莹，侧势便引揲。阮屐蜡偏新，仙凫形独别。力制重轻闲，熟巧凭劲滑"的诗句盛赞了这个时期的冰鞋。乾隆二十九年（1764年）《御制冰嬉联句》中有"横庚绚齿莹精锴，露卯韦条束达楄"的诗句，说明冰刀是用精铁制成，将冰刀钉在像木屐底板的木板上，然后再用皮条将其绑在鞋上和脚踝上（图3-9）。冰嬉盛典的冰鞋都是由内务府预备的，代表了当时的先进水平（图3-10）。

传统冰鞋是冰嬉盛典得以实现的器材装备。除冰鞋之外，清代的气候条件和冰上项目的举行地点，也为冰嬉盛典的举行奠定了基础。太液池得天独厚的地理条件，为冰嬉盛典提供了良好的场地条件。太液池是北京北海、中海和南海的总称，《金鳌退食笔记》记载："太液池旧名西海子。在西安里门，周凡数里。"《国朝宫史》载："西苑在西华门之西，门三，中榜曰'西苑门'……入苑门，即太液池也。源

△ 图 3-9 《冰嬉图》（局部）冰刀冰鞋

（清）金昆、程志道、福隆安绘：《冰嬉图》，故宫博物院藏

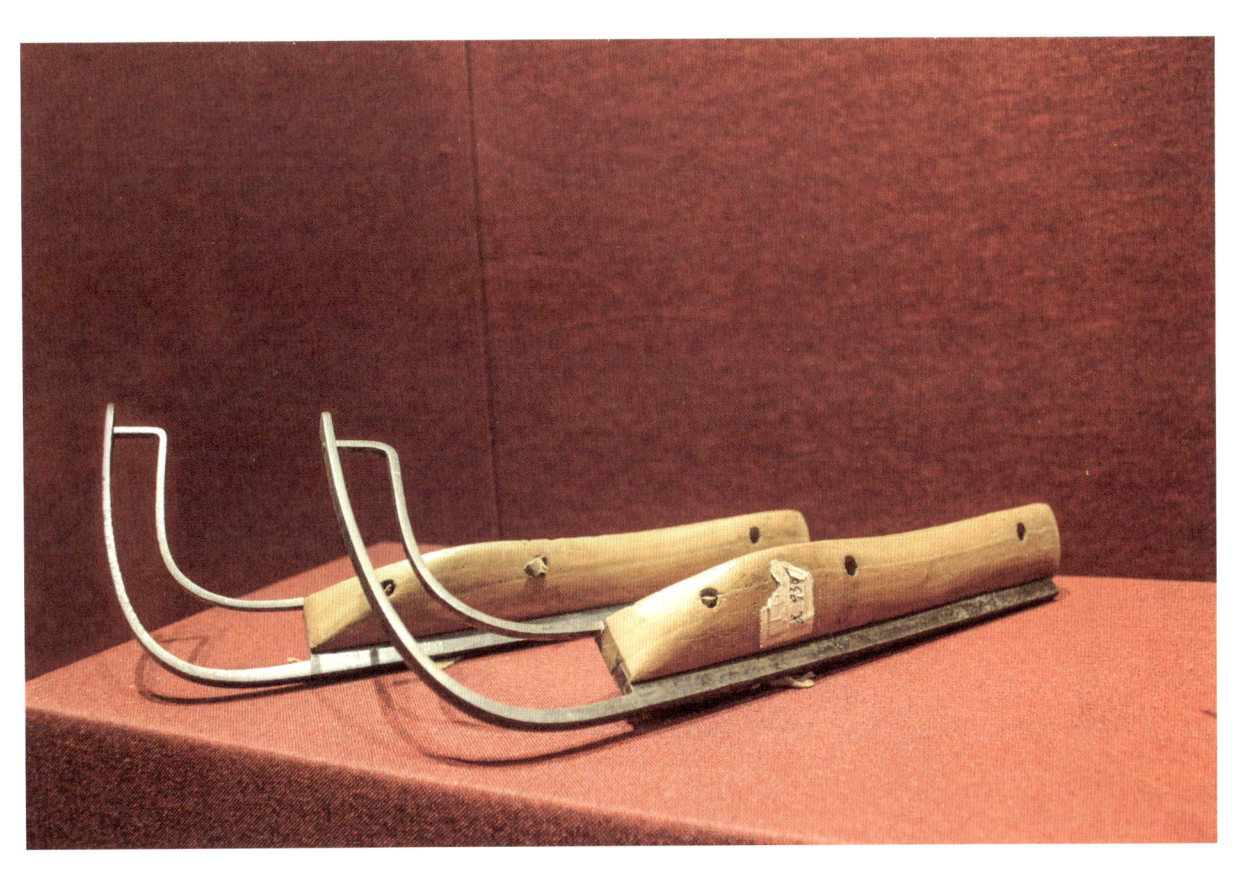

△ 图 3-10 木冰鞋

2019年在故宫午门举办的"贺岁迎祥——紫禁城里过大年"展览中展出的冰鞋

出玉泉山，从德胜门水关达后湖，流入禁地，汇为巨池。周广数里，夹岸多槐柳，池中蒲藻交纷，禽鱼翔泳，为仙洲胜地。……盛夏芰荷如锦，冬月水泽腹坚，则陈冰嬉于此，循国俗修武事而习劳行赏之意寓焉。"冬天的太液池为冰嬉盛典提供了良好的场地条件。首先，这里冰面开阔，适合大型的冰上表演；其次，这里是禁园，无需额外耗费太多的安保成本；再次，距离紫禁城很近，便于皇帝及其他皇室成员出行；最后，这里有紫光阁、遝瞩楼、庆霄楼、五龙亭等阅视冰嬉的理想地点。

气候相对温暖，为冰嬉盛典提供了良好的气象条件。明清时期，中国冬季的气候十分寒冷，有"明清小冰期"之称，欧洲则称其为"小冰河时期"。气象学家竺可桢在1972年指出，方志时期（1400—1900）500年中，我国的寒冷年数不是均等分布的，而是分组排列。温暖冬季是在1550年至1600年、1720年至1830年间。寒冷冬季是在1470年至1520年、1620年至1720年及1840年至1890年间。以世纪来分，则以17世纪最冷，19世纪次之，特别是1650年至1700年间。[1]据此，努尔哈赤起兵到入主中原恰好是在最寒冷的时期。有学者认为起兵的原因跟恶劣天气带来的生活困苦有关。举办冰嬉盛典这样的大型活动，天气太暖不行，冰面不能承受如此众多的人，太寒也不行，由于冰嬉盛典往往从天刚亮就开始了，过于寒冷会导致士兵们无法施展手脚，特别是会影响射箭的准确度。乾隆时期（1736—1795），恰好处于相对温暖期（这个时期冬季的气温也比现在要低），这为冰嬉盛典的举办提供了良好的气象条件。

总之，到乾隆初期，举办冰嬉盛典的功能、思想、形式、内容等方面都已成熟，再加上天时、地利、人和，创建冰嬉盛典自然水到渠成了。

1　竺可桢：《中国近五千年来气候变迁的初步研究》，《考古学报》1972年第1期，第15—38页。

第四章
冰嬉盛典与礼制

第一节 冰嬉与"国家"形象展演

以乾隆朝为代表的康乾盛世,是传统王朝国家的最后一个治世。这一时期,暗藏在清朝内部由盛转衰的因素开始出现。以西方传教士为媒介的西方文化深入清王朝的各个角落。上至庙堂,下至江湖,西方文化在潜移默化中影响到传统中国的多个方面。国家危机开始蕴生出化解危机的本土文化之道。冰嬉盛典,在乾隆前期国家危机初显时诞生。因此,冰嬉盛典的形成是清王朝反思重铸礼乐文明,加强王朝国家文化认同的重要国家典礼。

一、自我文化认同与冰嬉进入国家典礼

西方文化的冲击和国家内部的各种问题,促使乾隆皇帝开始反思王朝国家的文化认同。乾隆年间,乾隆皇帝面临的东西文化碰撞局面,远比康熙皇帝面对的中俄疆域之争更为复杂。何伟亚(Joseph W. Esherick)在《怀柔远人:马嘎尔尼使华的中英礼仪冲突》一书中,

围绕马嘎尔尼英国使团访华之跪拜礼的事件，讨论了当时两个大国之间的文化碰撞。[1] 马嘎尔尼使团访华，传统王朝国家延续了上千年的朝贡体系，面临着前所未有的危机。乾隆皇帝在面对东西文化冲突时，处理思路与康熙皇帝的思路如出一辙。清代主政者从来没有想过全盘西化，而是在自己的传统文化中寻找文化资源，重新树立王朝国家"自我认同"的内涵与外延。"主权国家"是马嘎尔尼使团访华时对国家关系的理解，而清王朝仍然遵循延续上千年的"天下"观，[2] 视英国使团为传统外番"朝觐"。接待礼仪也应该以五礼中的"宾礼"来对待。以五礼为核心的礼乐制度自先秦时期形成，始终是王朝国家标榜的文化制度。清代，宾礼仍是接待来朝"诸番"的国家典礼。在清朝主政者的观念中，"诸番"是王朝国家"天下子民"的一部分。"诸番"既包括当时已经纳入清王朝版图的偏远民族、朝贡属国，也包括像马嘎尔尼使团一样跨洋而来的西方外国使节。这些"诸番"应该都饱含着对王朝国家的认同。（图4-1）

18世纪中叶，乾隆皇帝将冰嬉写入典志体史书之中。这只是两千多年来传统王朝国家完善礼乐制度的一个中间环节。将冰嬉写入典志体史书的同时，冰嬉盛典也就成为国家典礼的重要组成。《清朝通典》和《清文献通考》记载如下：

清朝通典·礼·军一
臣等谨按杜佑礼典以吉嘉宾军为次。今从大清通礼之例，以军礼移于宾礼之前，……大阅……南苑及畅春园西厂屡行大阅之礼。……臣等谨按，国朝定例，每岁冬令太液冰坚，令八旗与内府三旗简习冰嬉之技。分棚掷彩球，互程趋捷，并设旌门悬的演射，校阅行赏。《御制冰嬉赋》以示旌勇，

---

[1] [美] 何亚伟：《怀柔远人：马嘎尔尼使华的中英礼仪冲突》，邓常春译，北京：社会科学文献出版社，2002年。

[2] 葛兆光：《对"天下"的想象：一个乌托邦想象背后的政治、思想与学术》，《思想》第29期，台北：台北联经出版事业公司，2015年，第15–37页。

▲ 图 4-1　避暑山庄万树园觐见场景素描

刘潞、吴若思编译：《帝国掠影：英国访华使团笔下的清代中国》，北京：中国人民大学出版社，2006年，第46页

均赐而归。本于观德之义，今恭载于大阅篇后，以昭典制。[1]

清朝通典·乐二

散乐，耕耤筵宴进果桌，毕领乐官，领舞童五名，四时和队舞承应。舞毕，百戏变碗承应。……火戏……冰戏每岁十月，咨取八旗及前锋统领护军统领等处，照定数挑选善走冰者二百名。内务府预备冰鞋、行头、弓箭、球架等项。冬至后，驾幸瀛台等处，陈设冰嬉及较射天球等伎。[2]

清朝文献通考·乐考二十一·散乐百戏

冰戏每岁十月，咨取八旗及前锋统领护军统领等处，每

---

[1]（清）清高宗敕纂：《万有文库·清朝通典》卷58《礼·军一》，上海：商务印书馆，1935年，典2425页。

[2]（清）清高宗敕纂：《万有文库·清朝通典》卷64《乐二》，上海：商务印书馆，1935年，典2496页。

旗照定数各挑选善走冰者二百名。内务府预备冰鞋、行头、弓箭、球架等项。冬至后，驾幸瀛台等处，陈设冰嬉及较射天球等伎。[1]

从典志体史书的记载来看，冰嬉盛典属于清代礼乐制度中的"军礼"。但在实际操作时，冰嬉又作为宫廷散乐，经常成为新年大朝会"宾礼"的重要构成。乾隆年间的中国社会，"天下"观的危机逐渐显现。沟口雄三用"天理说"的观点表达了中国内生的民族主义理论来源。[2] 在这个层面上，清王朝需要展现的不是近代"国家"，而是传统的王朝"天下"。这种"天下民族主义"与近代民族国家不同，是为了展现"民族天下"。冰嬉在演进的过程中，由单纯的娱乐活动，逐步融入更多传统文化基因，逐渐上升为国家典礼，成为清王朝展示国家形象的重要途径。这一点与沟口雄三表达的"天下民族主义"非常契合。

乾隆十年（1745年），冰嬉被乾隆皇帝钦定为"国俗"。显然，从乾隆十年开始，冰嬉成为代表清王朝"天下民族"特征的文化符号。《清朝通典》将冰嬉盛典制度分别记载在"礼典"和"乐典"中。传统礼制分为吉、凶、宾、军、嘉五礼，冰嬉属于其中的"军礼"。根据《清朝通典》记载，清代礼制沿袭唐代杜佑编纂《通典》的体例，依照吉、嘉、宾、军为次序，并将军礼放在宾礼之前，以示武功的重要性。军礼包括大阅、大狩、亲征之礼等。从类别上看，冰嬉位列于"大阅之礼"之后[3]，属于大阅之礼的扩展部分。因此，冰嬉是皇帝"大阅"的组成，与南苑大阅的制度相似。在清代"礼典"中记载冰嬉规制，说明冰嬉在礼乐制度中占有一席之地，同时也突出冰嬉在

---

1 （清）清高宗敕纂：《万有文库·清文献通考》卷175《乐考二十一》，上海：商务印书馆，1936年，考6377页。

2 ［日］沟口雄三：《作为方法的中国》，孙军悦译，北京：生活·读书·新知三联书店，2011年。

3 （清）清高宗敕纂：《万有文库·清朝通典》卷58《礼·军一》，上海：商务印书馆，1935年，典2425–2426页。

"军礼"中的重要位置。此外，在"乐典"中，冰嬉与火嬉、走马伎、高丽国乐伎、回部乐伎并列，同属"散乐"的组成部分。[1]《清文献通考》记载，冰嬉属于"乐考"中的"散乐百戏"[2]。散乐百戏的功能是，"国家筵宴之候，亦有散乐百戏"[3]。由此说明，这些活动是为了王朝国家特定的筵宴而准备的。冰嬉在"乐典"和"乐考"的定性，无疑反映了冰嬉在"宾礼"中的定位。

从西周开始，"礼"和"乐"奠定中国2000多年的思想文化体系。《礼记·乐记》记载："乐也者，情之不可变者也；礼也者，理之不可易者也。乐统同，礼辨异。"[4] 孔颖达疏："乐主和同，则远近皆合；礼主恭敬，则贵贱有序。"[5] 礼代表差别和秩序，乐代表秩序下的和谐。冰嬉在"礼典"和"乐典"同时出现，说明冰嬉在清代的礼制中，既代表特定的等级秩序，又代表秩序之间的和谐包容。作为国家筵宴期间的表演项目，冰嬉首先是为了活跃筵宴现场的气氛，供参加筵宴的皇帝、皇亲贵胄、王公大臣、少数民族首领、外藩使节等人观赏娱乐。更深刻的意义在于，这些在筵宴上表演的项目代表了国家形象。冰嬉盛典在"军礼"中，具有"阅武事、扬国威"的含义。同时，冰嬉在"宾礼"中展示，又将歌颂歌舞升平的太平盛世，"有朋自远方来"的理念贯穿其中。因此，冰嬉盛典将既讲秩序又促和谐的国家典礼展现无遗。

---

[1]（清）清高宗敕纂：《万有文库·清朝通典》卷58《礼·军一》，上海：商务印书馆，1935年，典2425–2426页。

[2]（清）清高宗敕纂：《万有文库·清文献通考》卷175《乐考二十一》，上海：商务印书馆，1936年，考6377–6378页。

[3]（清）清高宗敕纂：《万有文库·清文献通考》卷175《乐考二十一》，上海：商务印书馆，1936年，考6377–6378页。

[4]（汉）郑玄注，（唐）孔颖达疏：《礼记正义》卷38《乐记》，北京：北京大学出版社，2000年，第1300–1301页。

[5]（汉）郑玄注，（唐）孔颖达疏：《礼记正义》卷38《乐记》，第1301页。

△ 图 4-2 《紫光阁赐宴图》（局部）筵宴场景

▽ 图 4-3 《紫光阁赐宴图》（局部）冰嬉 转龙射球

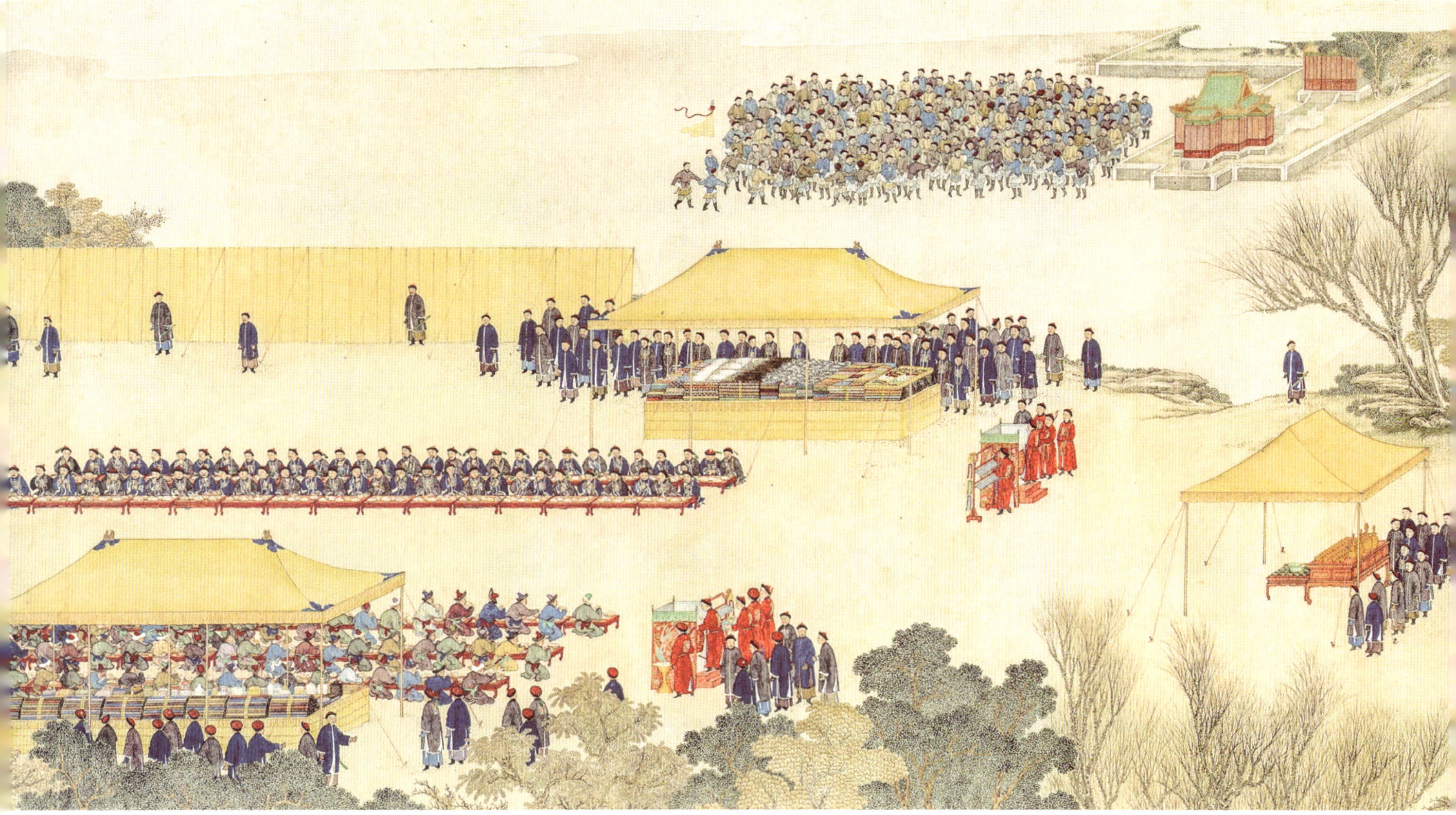

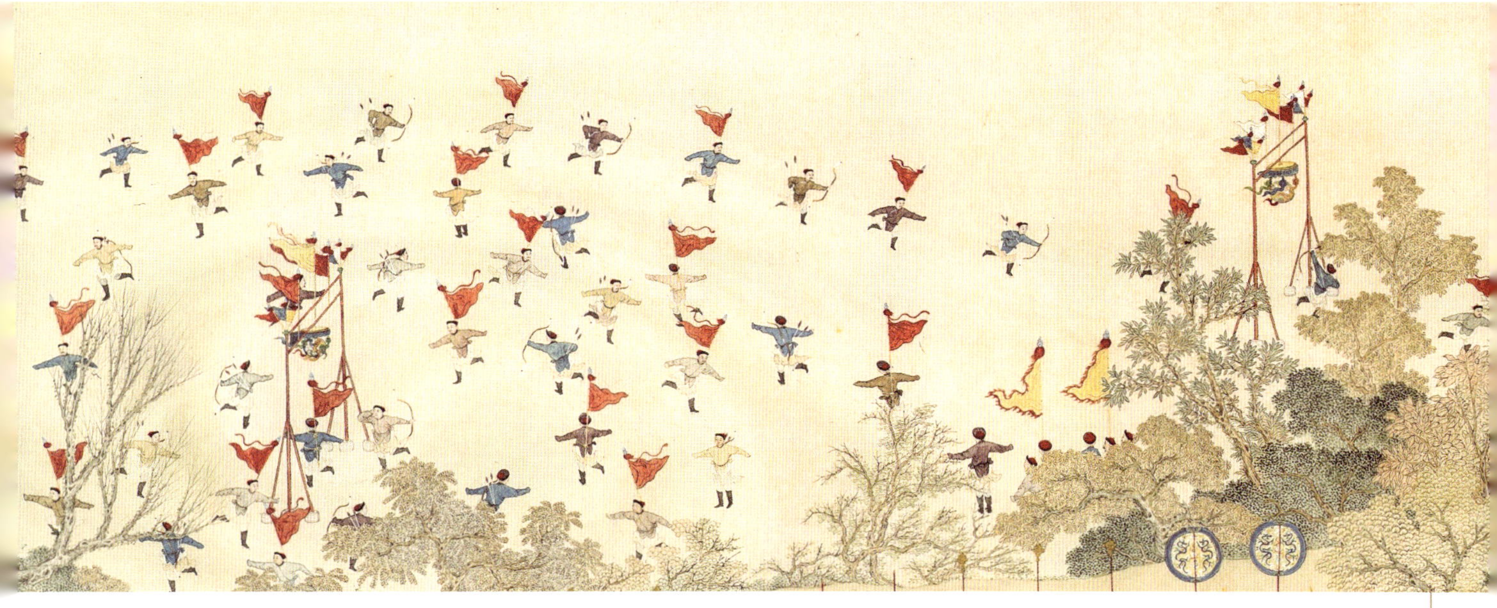

二、冰嬉盛典与"国家"典礼展演的空间秩序

从冰嬉的礼乐功能引申开来，乾隆年间的冰嬉盛典还具有重要的节日庆典功能和外交功能。冰嬉盛典举行的地点，以及整个庆典活动的流程安排，都体现了国家展演的空间与秩序。乾隆年间绘制的《紫光阁赐宴图》，为我们展示了冰嬉盛典除"军礼"和"宾礼"之外的政治功能。《紫光阁赐宴图》[1]由画师姚文瀚创作，画面内容反映的是乾隆二十六年（1761年）正月初二，清军平定西域后，在西苑紫光阁前举行的宫廷筵宴（图4-2）。在庆功筵宴的过程中，冰嬉在太液池的冰面上展开。画面可以看到乾隆皇帝的冰床、等待"抢等"表演的八旗兵和正在进行"转龙射球"表演的场景（图4-3）。"转龙射球"一项包含了明显的骑射因素[2]，这是乾隆皇帝对冰嬉内容改造的重点。赐宴人员在紫光阁外空地上依次就座，随时可以欣赏冰嬉表演。根据《清实录》记载参加此次筵宴的人员包括傅恒以下诸位功臣，在朝满汉文武大臣、蒙古王宫贵族、回部郡王霍集斯、叶尔羌诸回城伯克萨里、哈萨克汗阿布赉、来使苏勒统卓勒巴喇斯等人[3]。冰嬉表演为节日庆典和庆功宴增添了欢乐气氛。

国宴庆功地点选在西苑紫光阁，为国宴活跃气氛的表演是冰嬉。这都不是乾隆皇帝偶一为之，而是有悠久历史的传统。国家庆典需要具有文化象征的地点去承载。在特定的象征空间举行国家大型典礼，庆典赋予了高于活动地点本身的象征意义。从明代开始，西苑紫光阁就承载了阅射演武的功能。紫光阁的前身是明朝正德年间建立的平台，是宫廷跑马射柳的活动场所。万历年间，平台改建紫光阁，皇帝在此召见阁臣。清初承袭之前紫光阁的用途。从顺治二年（1645年）

1　（清）姚文瀚绘：《紫光阁赐宴图》，绢制彩绘本，故宫博物院藏。

2　骑射作为清朝国俗被写入《满洲源流考》之中，本为骑马射箭之意。乾隆年间对冰嬉盛典的改造，将骑马射箭的因素加入冰嬉项目之中。冰嬉盛典的"转龙射球"就包含了射箭一项。另据《唐土名胜图会》所载《冰嬉图》显示，冰嬉还包含了明确的冰上骑马项目。

3　《清实录·高宗纯皇帝实录》卷628，乾隆二十六年正月壬寅条，北京：中华书局，1986年，第1-2页。

开始，紫光阁成为武举殿试的考试地点。皇帝在此检阅骑射、技勇、策文。至此，西苑成为清代标榜文治武功的重要地点。乾隆时期，随着八旗骑射的传统弱化，乾隆皇帝在紫光阁立"训守冠服骑射碑"，告诫八旗勿忘国语骑射。此时，乾隆皇帝已经十分关注王朝内部共同心理素质的强化。除阅武骑射之外，西苑又是清代新正宴和凯旋宴的备选地。西苑作为国宴地点，与此地宣教文治武功的传统有关。凯旋宴又强化了西苑铭记"天下"得来不易的政治功能。西苑长期积淀下来的宣扬文治武功和举办庆功筵宴的传统，特别符合国家庆典想要表达的核心思想，所以西苑成为清朝展示国家形象的标志性地点。因此，新年期间，皇帝在西苑宴请前来朝觐的王公大臣、属国使臣及外藩贵宾，是展示国家形象、体现王朝自豪感的重要国家典礼活动。西苑太液池也就成为具有王朝自我文化认同观念的空间载体。

在这样的背景之下，遵循固定程式的冰嬉盛典如期举行。每年新年大朝会之后，参加朝觐的王公使臣，就会出紫禁城西华门进入西苑，参加节庆筵宴。在西华门至西苑必经之路的太液冰面上，冰嬉表演盛大开场。参加朝觐年班的王公使臣，当然不会错过如此精彩的冰上表演。同时，观者不忘自己在观礼活动中所处的位置。活动场面宏大，以皇帝为中心的观礼人员井然有序。宫廷筵宴也保持了固定的座位次序。不经意间，王朝天下的自豪感在朝觐人员的心中升腾，形成对清王朝的认同感。多仁班智达，乾隆年间七世达赖委托管理西藏地方政务的重要人物。《多仁班智达传》中记载了一段多仁班智达进京朝觐年班时观看冰嬉的场景：

> 白伞盖庙北面的大湖已经结冰，象（像）手掌一样平坦，表面如同水晶石一样雪白。奉天承运大皇帝坐在一辆轿子外形的黄色辇舆里，下面有轮子，不是马骡拉，而是用人拖。我和玉陀俩各被两位钦差拉着左右手带到附近。皇上前后左右大小官员随从都徒步跟到冰湖中央。这时，四面八方象惊雷一般响起八声鞭炮。接着，头戴漂亮顶子和花翎的一百来

人的队伍滑道皇帝跟前叩头，排好队伍。在前面看得到的地方摆着一座花绫缠绕的桥形大架，犹似门楼，中央悬着一串人头大小的彩绫花朵。队伍的人都穿着鞋底象安上火镰铁齿耙一样的靴子，腰佩刀矛箭和箭囊等。他们时而似天空闪电，时而如水中游鱼，在冰面上疾驰，同时张弓拉弦，依次向那串悬着的彩绫花朵射去。除两三人外，其他人都射中花靶。箭中花靶时花靶就自行发出种种鞭炮响声。[1]

朝觐年班是清朝在新年接受各方朝拜的国家典礼制度。多仁班智达就是在朝觐年班的队伍中，看到乾隆年间的冰嬉盛典。新年伊始，在西苑太液池举行规模盛大的冰嬉表演。乾隆皇帝坐在特制冰床之上。跟随着皇帝的冰床，是一同观看冰嬉表演的文武大臣和前来庆贺新年的朝觐人员。所有观礼人员都聚集在冰面之上。此时，冰嬉盛典已经有了固定的表演程序。从描述来看，多仁班智达观看的冰嬉至少包括"抢等"（图4-4）和"转龙射球"两项。其中，"转龙射球"是表演的重点。同时，多仁班智达笔下参加冰嬉的表演者，穿着火镰或者铁齿耙一样的靴子。显然，当时的冰鞋具有两种不同的形制。火镰是古代常用的取火器物，形制与现代冰刀十分相似。转龙射球和抢等项目的表演者，都应该穿着火镰一样的靴子，也就是带冰刀的冰鞋。而铁齿耙一样的靴子不是为了滑冰，而是为了防滑，所以这种靴子应该是另一个项目——"抢球"的装备（图4-5）。由此可知，多仁班智达观看的冰嬉盛典，就是清宫《冰嬉图》[2]展示的活动场景。

新年朝觐可以说是一年之中最盛大的国家典礼。在如此之高规格的典礼上安排冰嬉表演，冰嬉被赋予了高于一般表演项目的象征意义。冰嬉不是普通的杂耍项目，而是象征着具有王朝国家独特性的政治、文化传统。乾隆皇帝非常看重冰嬉在塑造文化认同方面的价

---

[1] 丹津班珠尔：《多仁班智达传》，北京：中国藏学出版社，1995年，第417页。

[2] （清）金昆、程志道、福隆安绘：《冰嬉图》，故宫博物院藏。

▲ 图 4-4 《冰嬉图》（局部）"抢等"

（清）金昆、程志道、福隆安绘：《冰嬉图》，故宫博物院藏

▲ 图 4-5 《冰嬉图》（局部）"抢球"

（清）金昆、程志道、福隆安绘：《冰嬉图》，故宫博物院藏

值。清朝保持了传统王朝国家在政治、文化方面的强力塑造。随着专制主义中央集权的进一步强化，王朝国家的控制和塑造能力也进一步加强。冰嬉盛典作为乾隆朝礼制改革的重要内容，成为化解清王朝朝贡体系危机的有效手段。观看冰嬉成为皇帝奖励给特定人群的格外恩赐，既宣扬了天朝国威，同时又是政治上笼络人心的方法。乾隆六十年（1795年），乾隆皇帝御制《嘉平廿一日幸西苑觐外国诸使之作》（见《清高宗御制诗五集》卷一百）有"初见均赐赉，冰嬉匪爱游"的诗句，诗句的注解写道："于藩使瞻觐之日，又令八旗合演，使远人见之，知予不自图逸。于绳武惠下之忱，常如一日也。"

荷兰学者伊维德（Wilt L.Idema）在研究《崇庆皇太后万寿庆典图》时，关注到乾隆时期宫廷戏剧的发展历史。[1]他在文章中写道："中国外交有个悠久传统，即向外国使节展现戏剧盛典，使之震撼于中国文化之卓越和中华皇帝之德行。有些外国来访者留下了所见所闻。不幸的是，清代访华时间受限，他们多可以感受到除夕夜的盛况，而在那个季节，为其挑选的玩乐项目往往是冰嬉。只有夏天来访，才有机会获邀观赏三层戏台上的演出。"从这段文字可以看出，在外国使节的眼中，冬季冰嬉盛典和夏季戏剧盛典相对应，二者是不同季节展现给各国使节、宣示国威的手段。冰嬉被作为戏剧盛典的一种特殊形式，在冬季上演。因为各国使节访华时间限于新年期间，所以表演的项目只能是冰嬉。这种被乾隆皇帝视为王朝国家展演的仪式表征，在西方文化看来，却仅是一种杂耍般的外交手段，并没有达到乾隆皇帝预期的效果。东西方对"天下"的理解，还处在各自的文化体系的轨道上。

乾隆皇帝将冰嬉纳入礼乐制度时，对此前的冰嬉进行了改造。其中最重要的改造，就是将流行上千年的宫廷百戏融入冰嬉表演之中。这也是清代主政者在自己的文化传统中寻找资源，树立文化认同的重

---

[1] ［荷］伊维德（Wilt L. Idema）：《三层戏楼上的演出：乾隆朝的宫廷戏剧》。http://www.historychina.net/qsck/422928.shtml.

要表现。百戏在宫廷中流行有上千年的历史,汉代壁画中就保留了人们表演百戏的场景。清代的冰嬉盛典,特别是"转龙射球"(图4-6)项目,既融入了百戏的元素和传统戏剧的表现手段(图4-8),又加入了骑射旧俗的展示。乾隆皇帝对冰嬉的改造,表达了清朝继承传统宫廷文化和保持独特旧俗的深刻用意,全新的国家展演形象就此确立。冬季,由于受到场地和气候的影响,可以展现国家形象的典礼表演十分有限。冰嬉作为传统冬季冰上项目,需要承载的内容和功能就需要更加丰富。在乾隆皇帝看来,经过一番改造之后的冰嬉盛典,已经是表现清朝"天下"形象最好的活动了。

从《唐土名胜图会·冰嬉》(4-9)和郎世宁绘《马术图》(4-7)比较来看,冰嬉盛典中的许多动作,与骑射有着十分密切的关系。

▲ 图4-6 《冰嬉图卷》(局部)转龙射球

(清)姚文瀚、张为邦合绘:《冰嬉图卷》,故宫博物院藏

△ 图4-7 《马术图》

（清）郎世宁绘：《马术图》，彩绘本，故宫博物院藏

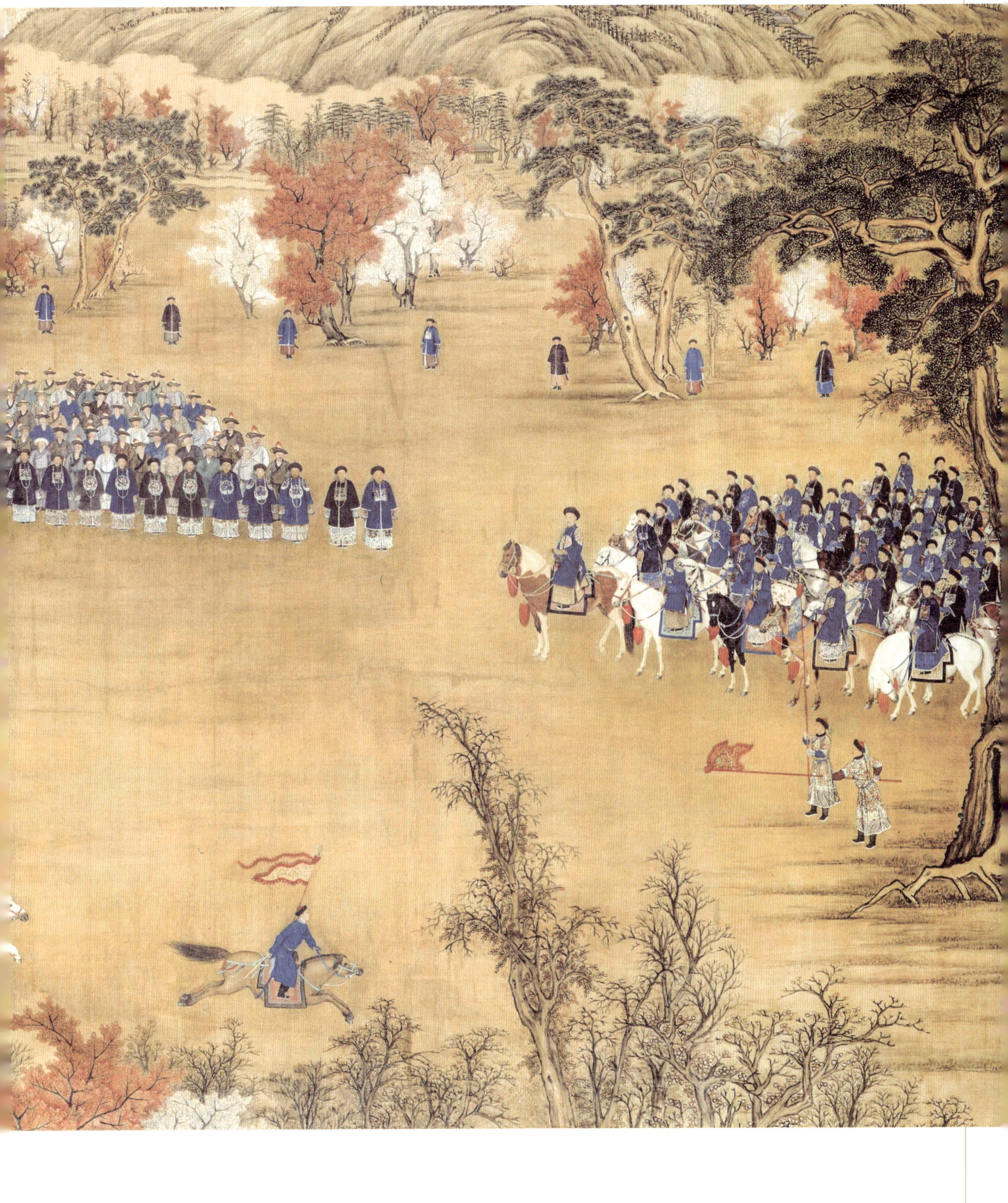

△ 图4-8 《冰嬉图卷》（局部）转龙射球中的百戏表演动作
（清）姚文瀚、张为邦合绘：《冰嬉图卷》，故宫博物院藏

△ 图4-9 《唐土名胜图会·冰嬉》

第二节　冰嬉与乾隆年间的礼制改革

一、冰嬉与"国俗"

冰嬉盛典萌芽于明末清初白山黑水之间，经过清朝主政者有意识地塑造，既代表了清王朝"自我认同"的国家形象，又重振了八旗兵的气势，并在乾隆年间成为国家礼乐制度的组成部分。故宫博物院藏《御制冰嬉赋》一卷，乾隆十年（1745年）武英殿刻朱墨套印本。这是乾隆皇帝在阅视冰嬉之后，专为冰嬉盛典创作的赋。《御制冰嬉赋》有乾隆自序，说明作赋原因：

> 陆行之疾者，吾知其为马。水行之疾者，吾知其为舟、为鱼。云行之疾者，吾知其为鲲鹏、雕鹗。至于冰，则向之族，莫不躄蹩胶滞，滑擦而莫能施其技。国俗有冰嬉者，护膝以带，牢鞋以韦，或底含双齿，使啮凌而人不踣焉。或荐铁如刀，使践冰而步愈疾焉。较东坡志林所称更为轻利便捷。惜自古无赋者，故为赋之。其辞云。

《御制冰嬉赋》首次将冰嬉确定为国俗。在乾隆皇帝作《冰嬉赋》之前，以跑冰戏、蹴鞠之戏为代表的冰上活动早已进入清朝宫廷，但"国俗有冰嬉者"的说法，确实是乾隆皇帝在乾隆十年（1745年）首先提出来的。《御制冰嬉赋有序》反映出冰嬉由节庆娱乐活动演变为国家盛典的过程。冰嬉的演进过程，又与清朝内在的"自我认同"塑造有关。乾隆皇帝在观看冰嬉时，还不忘用传统"辞赋"文体歌颂当时的盛景。

另据乾隆年间编纂的《满洲源流考》记载："国俗一门，首列骑射、冠服，次政教、文字，次祭祀、典礼，次官制、语言，而以物产杂缀终焉。自肃慎以下，比类相从，仍冠满洲于简，端以著旧俗之相符合云。"[1] 由此可知，乾隆年间，被称为清朝国俗的内容包括骑射、冠服、政教、祭祀、祭天、祭神、杂礼、官制、语言、物产、杂缀等。"国俗"是认同清王朝"天下"的子民，共同保持的风俗习惯，也是区分清王朝与异域外邦最具有标志性、符号性、象征性的特征。

乾隆年间的冰嬉盛典在改造传统"跑冰戏"的同时，延续了"跑冰戏"的文化传统。首先，冰嬉盛典的参加人员除了在朝的文武官员之外，还有参与新年朝会的各国使节。这样的传统可以追溯到后金时期。努尔哈赤在太子河畔举行的跑冰戏，虽然规模和参与人数远不及后世，但参加人员并不局限于女真贵族，在后金政权之内的蒙古、汉人等其他民族也都可以参加。也就是说，后金政权的跑冰戏，已经具有塑造共同心理和文化认同，以及促进王朝内部和谐的功能。其次，跑冰戏的参与者无论输赢，最后都会得到皇帝的赏赐金银，并一起参加冰上筵宴。此时的冰上活动已经具有恩赏功能。这一点也被乾隆年间的冰嬉盛典所继承。乾隆皇帝认为受邀观看冰嬉盛典和参加节庆筵宴都是恩赏的一种仪式形式。观礼者既可以感受到王朝国家的盛世景象，也更容易产生对王朝的文化认同感。所以说，后金宫廷的跑冰戏也绝不是单纯的节庆娱乐活动，而是带有文化认同塑造的宫廷庆典。这些庆典功能被后世沿用，成为清代礼制的组成部分。

乾隆时期的冰嬉盛典，除了与南苑阅兵、木兰秋狝相似的阅武功能之外，还延续并增加了节令庆典、恩赏和外交等功能。清代的朝觐年班制度，对不同地区政策有别。所以，观看冰嬉盛典的人员构成也十分复杂。无论是参加朝觐年班的内属外藩，还是有朝贡制度的藩属国，乃至与清朝有贸易往来的西方国家，如英国、荷兰等，都有受邀观看冰嬉盛典的记载。乾隆皇帝在《嘉平二十一日于西苑觐年班各部并台湾生番，示以冰嬉即事得句》一诗中说明，与皇帝共赏冰嬉的朝觐年班各部，包括所有年班藩部、暹罗贡使、台湾生番头目、蒙古、

---

[1] （清）阿桂等撰：《满洲源流考》卷16《国俗一》，沈阳：辽宁民族出版社，1988年，第304页。

回部、西北新番等，并说明观看冰嬉的目的是"冰嬉仍寓诘戎训，苑觐都怀奉朔衷"[1]。从乾隆皇帝的诗句中可以看出，"扬国威，奉正朔"，保持诸藩对王朝"天下"的认同，是冰嬉盛典的重要目的。

国俗之"国"，具有双重含义：一是民族文化意义上的狭义理解；二是王朝国家的广义理解。乾隆对国俗的推崇，显然主要是为了解决国家危机。他站在国家层面去考虑制度改革，而不是为了狭义的"文化遗产保护"。国俗代表了"生民"对王朝国家的"自我文化认同"。所以，乾隆十年（1745年），冰嬉成为王朝国家展演的标志性活动。

二、冰嬉与自我文化认同

近代前夜，王朝国家尊崇的传统"天下"观，与近代以来的"国家"观念大相径庭。王朝国家认为"普天之下莫非王土，率土之滨莫非王臣"，既然天下都是王朝的天下，子民都是王朝的子民，当然也就不重视疆界的划分。王朝可以更替，但一统天下的观念一直延续。异域外邦来朝，亦是王朝子民。在这样的观念下，王朝国家只有国号而无国名，也不必取国名与他国对应。然而，两宋以来，传统的"天下"观，受到了北方民族的巨大冲击。疆域划界成为王朝国家必须要面对的问题。于是，王朝国家开始重新反思"华夷之辨"。明代中期以后，在西学东渐和东亚诸国主权意识增强的影响下，王朝国家的疆界观念和"自我文化认同"观念在变革中逐渐清晰而强化。

清代初期，流行两千多年的"天下观"，开始正面接受来自西方的挑战。康熙年间，沙俄势力逐渐扩展到远东地区。这样的扩张行为不可避免地与清朝控制区发生冲突。康熙皇帝第一次直接面对东西方文化碰撞带来的冲突。这种冲突又直接反映在两国的核心利益划分——疆域划界方面。东方传统政治文化中，"天下""王朝"和

---

[1]《台湾诗钞》卷3，《台湾文献丛刊》第280种，台湾大通书局影印，1970年，第44页。

"子民"是深入骨髓的概念。这些根深蒂固的东方观念，与西方政治文化中"疆域""国家"和"民族"形成了既相互联系，又相互冲突的关系。如果清王朝完全接受西方的民族国家观念，就意味着"唯我独尊"的王朝国家走向失败。这是康熙皇帝不能接受，也不愿接受的。所以，在清王朝内部，以康熙皇帝为首的主政者，开始反思怎样在传统文化中寻找文化资源，既可以保证"唯我独尊"的天下观继续流行，又可以最大程度上使异域外邦接受这样一个"国家"。不断改造王朝国家的礼乐制度，朝着强化制度内核，扩大制度外延的方向进行，以应对日益变化的东西格局。

清王朝与沙俄谈判时，内府收藏的传统舆图在划界方面几乎一片空白，与划界有关的山川、河流等地理要素严重缺失。于是，康熙皇帝举全国之力，绘制了具有初步国家和疆域观念的实测地图（图4-10）。新绘的《皇舆全览图》表现了清王朝对疆域范围的认识和妥协。《皇舆全览图》所绘疆域范围之内的子民，就是具有清朝"自我文化认同"的"民族共同体"。显然，在近代民族主义思潮形成之前，清朝主政者已经有意识地凝聚王朝国家的内在价值。这样的变革以保持王朝国家的主权和文化认同为目的。

明末清初，随着西方文化的渗透，原本属于传统王朝国家"朝贡体系"东亚文化圈的其他国家，国家意识开始增强。清军入关以后，在高度发达的农耕经济影响下，汉地的生产生活、社会组织和儒家文化深入人心。这促使清朝主政者在国家制度层面考虑解决王朝危机，建立新的"自我文化认同"体系，来维护王朝国家的秩序与和谐。康熙时期，随着清朝统治的不断稳固，新的危机也在积累显现。乾隆时期，八旗兵战斗力退化，甚至连八旗兵的生计都出现问题。这种带有"停滞帝国"的迹象，导致清王朝在面对边疆危机时，感受到了潜在的威胁与不安。乾隆初年，建立具有新内涵的文化体系，以重振国家形象，是乾隆皇帝必须要面临的问题。解决新的危机需要在传统文化中寻找依据。曾经流行在关外的旧俗，逐渐与传统王朝国家的礼制结合起来，形成代表清朝国家形象的礼乐文化。如此，无论八旗、蒙古、汉人，还是其他民族，乃至潘属国，都可以在国家制度的改革中找到归属感。清王朝在礼制中不断加入新的因素，使"生民"在接受国家庆典的同时，越来越具有王朝国家的"自我文化认同"。

作为王朝国家的主政者，迫切需要站在王朝国家的立场去解决认同危机。在这样的背景下，清朝主政者将具有独特性的礼俗，特别是将骑射与冠服加入礼制之中。骑射和冠服都是清王朝"国俗"的核心内容。乾隆年间的冰嬉盛典，将骑射的因素和冠服代表的秩序融入庆典活动之中，就是礼制新增添的内容。冠服制度，最容易凸显王朝内部官员的等级秩序。努尔哈赤建立后金之后，令八旗贝勒、朝臣穿带披肩领的朝服，以分臣庶。此后，冠服又逐渐完善，形成补服和顶戴制度[1]，最终成为清代朝服的标准。清代冠服制度的改造，以及在冰嬉队伍中由官兵整齐穿戴的表演，成为国家展演的重要方式。

上述康熙年间《皇舆全览图》的绘制，或可以看成是前近代"主权国家"意识的萌芽。作为前近代王朝国家的重要典礼，冰嬉的产生与发展，与王朝国家对文化认同改造密切相关。特别是在乾隆统治后期，面对西方文化强势影响，以及由此激起的国家危机，冰嬉盛典作为具有鲜明王朝特色的礼制活动，成为清王朝对西方文化的一种"回应"。但这种"回应"并不是由于西方文化的冲击而被动产生的。相反，它始终遵循着王朝内在的制度演进规律。在漫长的历史进程之中，王朝国家的"生民"，一直在不断地变化融合。随着清朝"生民"对传统儒家文化和改造后的礼乐制度的普遍认同。清朝疆域之内的"生民"，形成了相对稳定的具有共同心理素质的人群。同时，生民们"自我认同"的传统文化仍然在不断融合中增添新的内容。

早在努尔哈赤统治的后金时期，有关传统冰上运动的改造，就开始出现。天命十年（1625年）太子河畔举行的跑冰戏，已经不是传统冰上运动的原始状态，而是由王朝国家初步改造的宫廷节庆活动，

---

[1]《满文老档》太祖皇帝第24册，天命六年七月，北京：中华书局，1990年，第217页。"贝勒服四爪蟒缎补服，都堂、总兵观、副将服麒麟补服，参将、游击服狮子补服，备御、千总服绣彪之补服。"

△ 图 4-10 《皇舆全览图·山东全图》

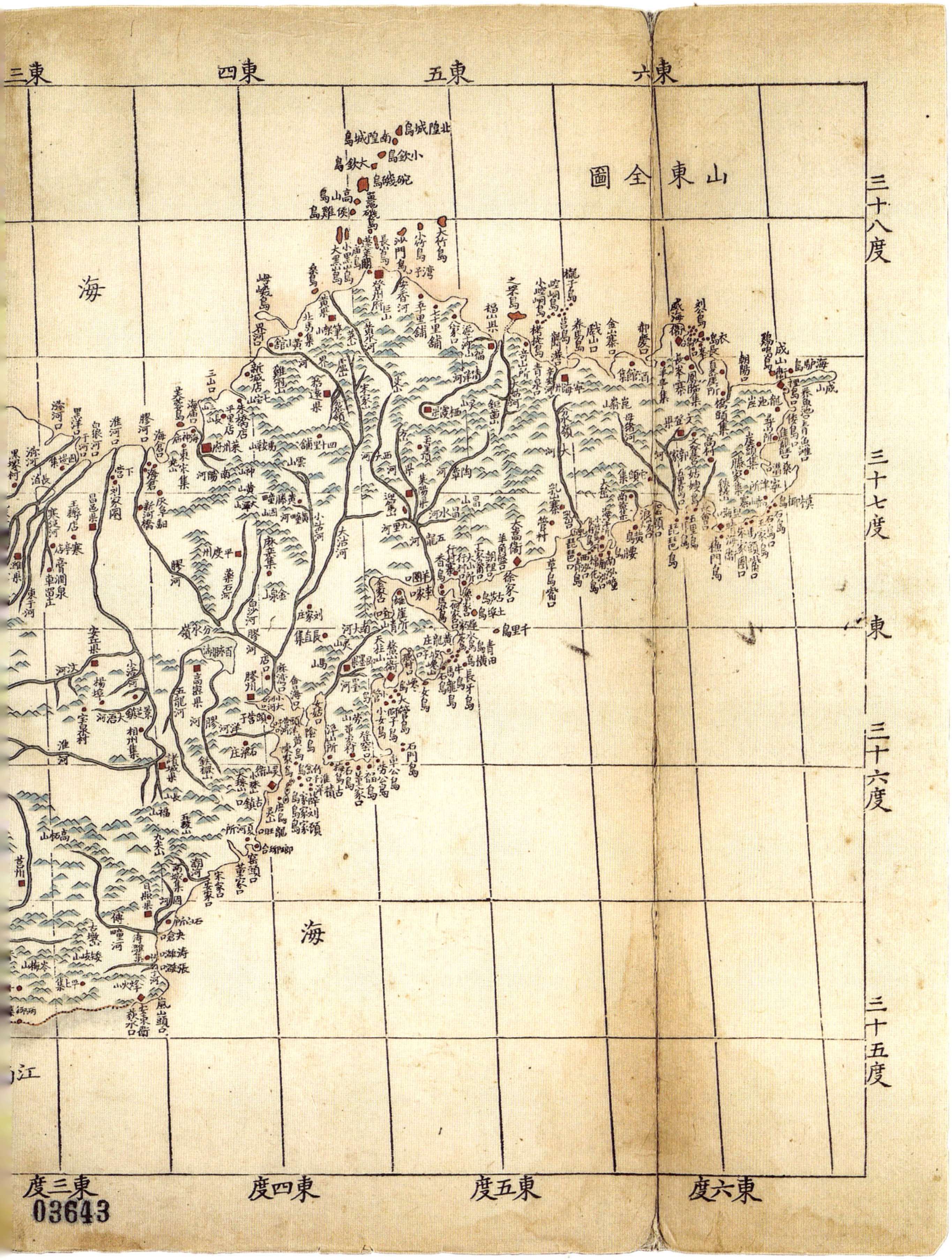
山東全圖
東三
東四
東五
東六
三十八度
三十七度
東
三十六度
三十五度
海
海
江
東三度
東四度
東五度
東六度
03643

也是后来王朝国家庆典的初始状态。崇德七年（1642年）浑河河畔的"蹴鞠之戏"，由于朝鲜世子和大君的加入，冰上娱乐活动的国家庆典属性进一步强化。清军入关以后，原来流行在白山黑水的冰上娱乐活动，逐渐与王朝国家的宫廷庆典活动再次融合。康熙年间，康熙皇帝的近臣高士奇在《金鳌退食笔记》中记录了西苑太液池玩球的过程。[1] 康熙年间太液池的"掷球之戏"，反映了清朝初年，清王朝对关外冰上"蹴鞠之戏"的继承和延续。同时，乾隆年间的冰嬉盛典，又与康熙年间"掷球之戏"的活动地点、项目规则基本相同。这说明冰嬉盛典中的一部分制度，在康熙年间已基本形成。乾隆朝对冰嬉盛典的改造主要体现在制度层面。从天命十年（1625年）至乾隆十年（1745年），王朝国家传统冰上活动的节庆典礼因素，最终演变为国家礼乐制度。

在康乾盛世末期的乾隆朝，国家危机逐渐凸显，冰嬉于是作为国家复振的文化资源，成为文化认同的国家庆典。乾隆朝将冰嬉盛典完美地融入清代礼乐制度，体现了王朝国家在自身文化传统中汲取营养，并将具有"自我文化认同"价值的因素融入国家典礼的过程。

---

[1] （明）刘若愚，（清）高士奇：《明宫史·金鳌退食笔记》，北京：北京古籍出版社，1982年，第118–119页。

第五章
冰嬉盛典的兴衰

第一节 乾隆年间的冰嬉盛典

一、乾隆年间冰嬉盛典的概况

乾隆十年（1745年），以乾隆写下《御制冰嬉赋》为标志，冰嬉被乾隆皇帝钦定为国俗，冰嬉盛典形成制度。据《清实录》记载，此后乾隆于十一年冬月、腊月"幸瀛台"三次，十二年五次，十三年一次（本年乾隆发妻孝贤纯皇后崩），十四年五次，十五年七次，十六年四次。虽然实录中没有记载乾隆腊月"幸瀛台"是否是阅视冰嬉，但推测大多是和此事有关。乾隆十一年（1746年），乾隆御制《太液冰嬉十二韵》（见《清高宗御制诗初集》卷三十六），诗中有"顺时陈国俗，择地试雄观""妙义韬钤外，凭人著眼看"等诗句，梁诗正、汪由敦均作和诗，这说明乾隆十一年君臣同观冰嬉盛典。这也是继《御制冰嬉赋》以后，乾隆首次通过御制诗强调冰嬉的重要价值。

乾隆十四年（1749年）御制《腊日奉皇太后游瀛台诸胜》（见

《清高宗御制诗二集》卷十三）有"蕉殿香花参梵相，液池罴虎试冰嬉"的诗句。乾隆十五年（1750年）御制《新春悦心殿》诗中有"待引鱼龙辉火树，先招鸾凤试冰嬉"的诗句（见《清高宗御制诗二集》卷十四）。悦心殿位于北海琼岛西侧山坡上，视野开阔，悦心殿的后面是庆霄楼，乾隆时期在北海阅冰嬉时常选择在庆霄楼。嘉庆《钦定大清会典事例》卷六百六十二（工部·宫殿·西苑）载：庆霄楼"楼上下各七楹，南向，高宗纯皇帝每逢腊日奉皇太后观冰嬉于此"，说明此时阅视冰嬉的地点已不限于瀛台，而扩展到北海。同年正月十六，御制《正月十六日赐宴联句》中有"挽轮冰戏涌瀛潮""缘橦度索斗轻趫"等诗句，说明上元节赐宴时观看了冰嬉，冰嬉中还有缘橦、度索等民间百戏的内容。

自乾隆十七年（1752年）起，阅冰嬉被记载到《起居注》中。表5-1是从《起居注》中节选的几个年份的冰嬉活动情况，为了便于理解，本表特别加注了当日对应的农历、数九情况和公历时间。

表5-1 《乾隆帝起居注》有关冰嬉活动一览

农历时间	当日农历及数九	公历时间	活动内容
乾隆十七年壬申十二月丁亥朔	腊月初一（二九第六天）	1753年1月4日	上幸瀛台，阅冰嬉
乾隆十七年壬申十二月己丑	腊月初三（二九第八天）	1753年1月6日	上诣寿康宫请皇太后安，幸瀛台，阅冰嬉
乾隆十七年壬申十二月癸巳	腊月初七（三九第三天）	1753年1月10日	上诣寿康宫请皇太后安，幸瀛台，阅冰嬉
乾隆十七年壬申十二月甲午	腊月初八（三九第四天）	1753年1月11日	上诣大高殿行礼，奉皇太后幸悦心殿侍早膳，瀛台遐瞩楼阅冰嬉，进茶果，千尺雪侍晚膳
乾隆二十三年戊寅十一月己酉	冬月廿六（一九第五天）	1758年12月26日	上诣寿康宫请皇太后安，幸瀛台，阅冰嬉
乾隆二十三年戊寅十一月壬子	冬月廿九（一九第八天）	1758年12月29日	上诣寿康宫请皇太后安，幸永安寺，阅冰嬉

（续表）

农历时间	当日农历及数九	公历时间	活动内容
乾隆二十三年戊寅十二月甲寅	腊月初二（二九第一天）	1758年12月31日	上幸阐福寺拈香，阅冰嬉
乾隆二十三年戊寅十二月丙辰	腊月初四（二九第三天）	1759年1月2日	上诣寿康宫请皇太后安，幸瀛台，阅冰嬉
乾隆二十三年戊寅十二月庚申	腊月初八（二九第七天）	1759年1月6日	上诣大高殿行礼，奉皇太后幸永安寺拈香，悦心殿侍早膳，遐瞩楼进茶果，阅冰嬉
乾隆二十四年己卯正月丙戌	正月初四（五九第六天）	1759年2月1日	上幸瀛台，阅冰嬉。淳叙殿赐蒙古王公、台吉并漠咱吧尔等宴
乾隆二十四年己卯十一月戊午	冬月十二（一九第九天）	1759年12月30日	上诣寿康宫请皇太后安，幸瀛台，阅冰嬉
乾隆二十四年己卯十一月庚申	冬月十四（二九第二天）	1760年1月1日	上奉皇太后幸画舫斋进早膳，镜清斋进茶果，阅冰嬉
乾隆二十四年己卯十一月癸亥	冬月十七（二九第五天）	1760年1月4日	上诣寿康宫请皇太后安，幸瀛台，阅冰嬉
乾隆二十四年己卯十一月戊辰	冬月廿二（三九第一天）	1760年1月9日	上幸永安寺拈香，阅冰嬉
乾隆二十四年己卯十一月壬申	冬月廿六（三九第五天）	1760年1月13日	上诣寿康宫请皇太后安，幸瀛台，阅冰嬉
乾隆二十四年己卯十一月乙亥	冬月廿九（三九第八天）	1760年1月16日	上诣寿康宫请皇太后安，幸瀛台，阅冰嬉
乾隆二十四年己卯十二月丁丑	腊月初一（四九第一天）	1760年1月18日	上幸阐福寺拈香，阅冰嬉
乾隆二十四年己卯十二月己卯	腊月初三（四九第三天）	1760年1月20日	上诣寿康宫请皇太后安，幸瀛台，阅冰嬉
乾隆二十四年己卯十二月甲申	腊月初八（四九第八天）	1760年1月25日	上诣大高殿行礼，奉皇太后幸永安寺拈香，悦心殿侍早膳，遐瞩楼进茶果，阅冰嬉
乾隆二十四年己卯十二月丁酉	腊月廿一（六九第三天）	1760年2月7日	上诣寿康宫请皇太后安，幸瀛台，阅冰嬉
乾隆二十八年癸未十一月己卯	冬月廿六（一九第九天）	1763年12月30日	上诣寿康宫请皇太后安，幸瀛台，阅冰嬉
乾隆二十八年癸未十一月辛巳	冬月廿八（二九第二天）	1764年1月1日	上幸永安寺拈香，阅冰嬉

（续表）

农历时间	当日农历及数九	公历时间	活动内容
乾隆二十八年癸未十一月壬午	冬月廿九（二九第三天）	1764年1月2日	上诣寿康宫请皇太后安，幸瀛台，阅冰嬉
乾隆二十八年癸未十二月癸未	腊月初一（二九第四天）	1764年1月3日	上幸阐福寺拈香，阅冰嬉
乾隆二十八年癸未十二月丙戌	腊月初四（二九第七天）	1764年1月6日	上诣寿康宫请皇太后安，幸瀛台，阅冰嬉
乾隆二十八年癸未十二月庚寅	腊月初八（三九第二天）	1764年1月10日	上诣大高殿，永安寺拈香，奉皇太后庆霄楼侍早膳，澄怀堂进茶果，迓旷楼阅冰嬉
乾隆二十八年癸未十二月辛卯	腊月初九（三九第三天）	1764年1月11日	上诣寿康宫请皇太后安，幸瀛台，阅冰嬉
乾隆二十八年癸未十二月癸卯	腊月廿一（四九第六天）	1764年1月23日	上诣寿康宫请皇太后安。是日回部和阗三品阿奇木伯克公、品级阿施默特等人觐于西苑门跪迎圣驾，上温语垂问，随赐观冰嬉
乾隆二十九年甲申正月甲寅	正月初二（五九第八天）	1764年2月3日	上御紫光阁。赐蒙古王公、贝勒、额附、台吉及回部郡王霍集斯等年班，回部和阗三品阿奇木伯克、阿克伯克公、品级阿施默特等十七人，博洛尔沙胡沙默特来使呼达达特等宴，与观冰嬉
乾隆二十九年甲申十二月戊寅	腊月初一（一九第三天）	1764年12月23日	上幸阐福寺拈香，阅冰嬉
乾隆二十九年甲申十二月辛巳	腊月初四（一九第六天）	1764年12月26日	上诣寿康宫请皇太后安。幸瀛台，阅冰嬉
乾隆二十九年甲申十二月壬午	腊月初五（一九第七天）	1764年12月27日	上诣寿康宫请皇太后安。幸永安寺拈香，阅冰嬉
乾隆二十九年甲申十二月乙酉	腊月初八（二九第一天）	1764年12月30日	上诣大高元殿，永安寺拈香，奉皇太后悦心殿侍早膳，澄怀堂进茶果，迓旷楼阅冰嬉
乾隆二十九年甲申十二月丙戌	腊月初九（二九第二天）	1764年12月31日	上诣寿康宫请皇太后安。幸瀛台，阅冰嬉
乾隆二十九年甲申十二月戊戌	腊月廿一（三九第五天）	1765年1月12日	上诣寿康宫请皇太后安。是日年班回部阿克素、三品阿奇木公、品级色提巴尔第等二十一人入觐于西苑门跪迎圣驾，上温语慰问，随赐观冰嬉
乾隆四十四年己亥十一月辛丑	冬月廿一（一九第七天）	1779年12月28日	上幸瀛台，阅冰技[1]

---

1 乾隆四十二年正月二十三（1777年3月2日），乾隆生母孝圣宪皇后去世，改"冰嬉"为"冰技"。

（续表）

农历时间	当日农历及数九	公历时间	活动内容
乾隆四十四年己亥十一月甲辰	冬月廿四（二九第一天）	1779年12月31日	上幸瀛台，阅冰技
乾隆四十四年己亥十一月丁未	冬月廿七（二九第四天）	1780年1月3日	上幸瀛台，阅冰技
乾隆四十四年己亥十一月庚戌	冬月三十（二九第七天）	1780年1月6日	上诣永安寺拈香，阅冰技
乾隆四十四年己亥十二月辛亥	腊月初一（二九第八天）	1780年1月7日	上诣阐福寺拈香，阅冰技
乾隆四十四年己亥十二月甲寅	腊月初四（三九第二天）	1780年1月10日	上幸瀛台，阅冰技
乾隆四十四年己亥十二月戊午	腊月初八（三九第六天）	1780年1月14日	上幸瀛台，阅冰技
乾隆四十四年己亥十二月辛未	腊月廿一（五九第一天）	1780年1月27日	班库车阿奇木伯克二等台吉等（略）同时入觐，于西苑门跪迎圣驾，上温语慰问，随赐观冰技
乾隆五十七年壬子十一月辛亥	冬月十六（一九第九天）	1792年12月29日	上幸瀛台，阅冰技
乾隆五十七年壬子十一月甲寅	冬月十九（二九第三天）	1793年1月1日	上幸瀛台，阅冰技
乾隆五十七年壬子十一月丁巳	冬月廿二（二九第六天）	1793年1月4日	上幸瀛台，阅冰技
乾隆五十七年壬子十一月己未	冬月廿四（二九第八天）	1793年1月6日	上幸瀛台，阅冰技
乾隆五十七年壬子十一月壬戌	冬月廿七（三九第二天）	1793年1月9日	上幸瀛台，阅冰技
乾隆五十七年壬子十二月乙丑	腊月初一（三九第五天）	1793年1月12日	上诣大高玄殿阐福寺拈香，阅冰技
乾隆五十七年壬子十二月丁卯	腊月初三（三九第七天）	1793年1月14日	上诣永安寺拈香，北海阅冰技
乾隆五十七年壬子十二月辛未	腊月初七（四九第二天）	1793年1月18日	上幸瀛台，阅冰技
乾隆五十七年壬子十二月壬申	腊月初八（四九第四天）	1793年1月19日	上诣万善殿拈香，瀛台阅冰技

(续表)

农历时间	当日农历及数九	公历时间	活动内容
乾隆五十七年壬子十二月乙酉	腊月廿一（五九第七天）	1793年2月1日	上御前王贝勒公额驸大臣及蒙古王贝勒公额驸等饭并赏赉缎匹有差（未记载阅冰嬉）
乾隆五十七年壬子十二月戊子	腊月廿四（六九第一天）	1793年2月4日	朝鲜国正使朴宗岳、副使徐龙辅等六人，安南国陪臣武永成、陈玉视等四人，暹罗国正使怕史滑里逊通亚排那赤突、副使朗喎汶悉呢霞喔抚突等四人并廓尔喀贡使噶箕第乌达特塔巴等四人入觐，于西苑门外跪迎圣驾，上温语慰问，命随至瀛台，阅冰技
乾隆六十二年丁巳十一月壬申	冬月初七（一九第四天）	1797年12月24日	太上皇帝幸瀛台，阅冰技
乾隆六十二年丁巳十二月乙亥	冬月初十（一九第七天）	1797年12月27日	太上皇帝幸瀛台，阅冰技
乾隆六十二年丁巳十二月辛巳	冬月十六（二九第四天）	1798年1月2日	太上皇帝幸瀛台，阅冰技
乾隆六十二年丁巳十二月甲申	冬月十九（二九第七天）	1798年1月5日	太上皇帝幸瀛台，阅冰技
乾隆六十二年丁巳十二月丁亥	冬月廿二（三九第一天）	1798年1月8日	太上皇帝幸瀛台，阅冰技
乾隆六十二年丁巳十二月庚寅	冬月廿五（三九第四天）	1798年1月11日	太上皇帝诣寿康宫行礼，幸瀛台，阅冰技
乾隆六十二年丁巳十二月甲午	冬月廿九（三九第八天）	1798年1月15日	太上皇帝幸悦心殿，阅冰技
乾隆六十二年丁巳十二月丙申	腊月初一（四九第一天）	1798年1月17日	太上皇帝诣大高元殿，阐福寺拈香，阅冰技
乾隆六十二年丁巳十二月癸卯	腊月初八（四九第八天）	1798年1月24日	太上皇帝诣万善殿拈香毕，同皇帝幸瀛台，阅冰技
乾隆六十二年丁巳十二月丙辰	腊月廿一（六九第三天）	1798年2月6日	回部四品伯克玛穆特等二人、五品伯克谟们聂咱尔阿布都里体布等四人、朝鲜国正使金文淳、副使礼曹判书申耆等三人、琉球国正使王舅束邦鼎、副使正议大夫毛廷桂等二人入觐，于西华门外跪迎圣驾。温语慰问，命随至瀛台，赐食，阅冰技（据《清实录》记载，本日与嘉庆皇帝一同阅冰技）
乾隆六十三年戊午十二月己酉	腊月二十（四九第九天）	1799年1月25日	勅谕：今岁天气较寒，朕亲理庶务无暇行幸，所有冰鞋、行头虽未阅看。伊等究系预备，着加恩仍照向年赏赉，交该管大臣等均匀分给，以示朕轸念穷苦兵丁之至意

根据《清实录》《起居注》《御制诗》等文献资料的记载，可以得出乾隆年间冰嬉盛典的基本情况如下。

第一，冰嬉在具体实践中逐渐形成规律，并得到完善，最终在乾隆年间形成典制，并被记录到《清朝通典》《清朝通志》《清朝文献通考》等典志体史书之中。每年皇帝会亲阅八旗及内务府三旗冰嬉，藩使瞻觐之日，也会根据气候条件赐随观冰嬉。冰嬉盛典通过仪式和竞赛，意欲实现"阅武事""修国俗""行赏赉""宣国威"的目的。比如，《清朝通志》卷116《内府》载："《赵北口行宫冰嬉联句》，乾隆二十九年自傅恒以下凡二十人扈从联句，七言排律，于敏中奉敕正书。"《清朝通志》的这段记载明显有误，应为《冰嬉联句》，而非《赵北口行宫冰嬉联句》，赵北口行宫冰嬉联句以《上元于赵北口行宫同扈跸儒臣咏冰嬉联句》为题，收录在《清高宗御制诗三集》卷十八，作于乾隆二十七年（1762年）。实际上是记录冰嬉盛典的诗文。

第二，冰嬉盛典于每年冬至后举行，每年举办次数不等，多于冬月、腊月的二九、三九期间，一般到腊八日结束。腊八日乾隆例行到大高玄殿、永安寺等地拈香祈福，然后陪皇太后用早膳，到瀛台迟瞩楼阅看冰嬉。乾隆二十四年（1759年）以后，例行腊月初一到闸福寺拈香，阅冰嬉。

第三，冰嬉盛典的常规举办地点是西苑太液池，但具体是在三海哪一处冰面，并不固定。（图5-1）起初阅视冰嬉多在南海瀛台，后来也在北海。在北海阅视冰嬉多在庆霄楼，并且往往是陪皇太后一起阅视。嘉庆《钦定大清会典事例》卷六百六十二（工部、宫殿、西苑）载：庆霄楼"楼上下各七楹，南向，高宗纯皇帝每逢腊日奉皇太后观冰嬉于此。"乾隆四十二年正月二十三（1777年3月2日）乾隆生母孝圣宪皇后去世，此后，乾隆很少在北海阅视冰嬉。乾隆年间，由宫廷画师沈源绘制的《御制冰嬉赋图》（图5-2），展现了乾隆皇帝在北海阅视冰嬉的场景。此时，冰嬉盛典正在进行"抢等"一项。阅视的地点在北海琼岛以西，金鳌玉蝀桥以北的冰面上。

▷ 图5-1 《京师生春诗意图》（局部）太液冰嬉

（清）徐扬：《京师生春诗意图》，清乾隆三十二年（1767年），设色绢本，纵256cm，横233.5cm，故宫博物院藏。

此图描绘了京城冬日的日常景象。在金鳌玉蝀桥的南侧，中海之上，冰嬉盛典的转龙射球一项正在表演。在中海西岸，可见皇帝举行新年筵宴的紫光阁。

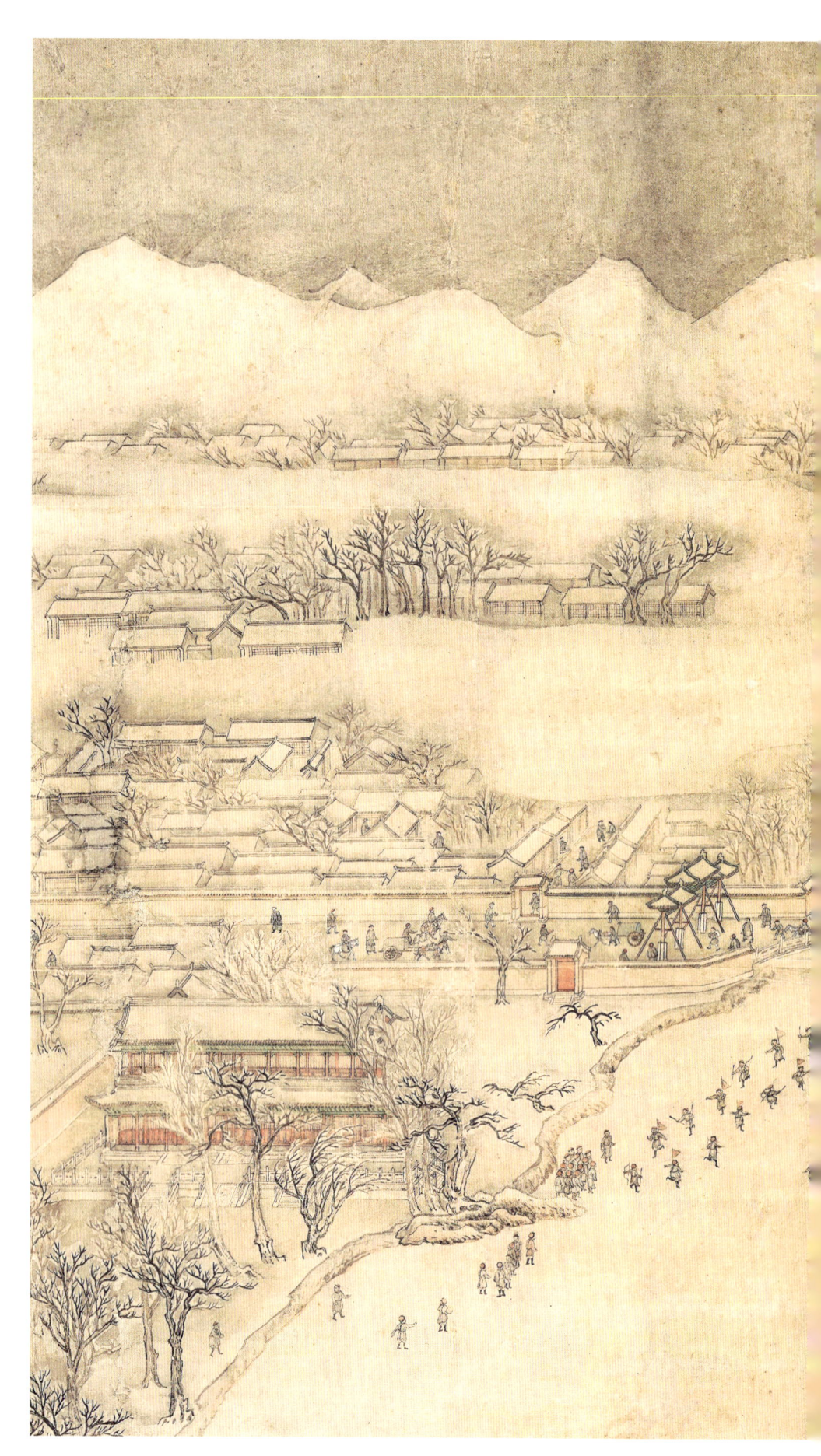

何家生春早春生永巷
中跟踉跳飛雪抛撥搏
竒風詎數跳丸捷訛詑
盛翰融論功徧行賞鳬
藻羽林叢

图5-2 《御制冰嬉赋图》

（清）沈源绘：《御制冰嬉赋图》，台北故宫博物院藏。此图描绘了冬日在金鳌玉𫍯桥的南侧，北海冰面之上，举行的冰嬉盛典。图上展现的是冰嬉中的抢等一项正在进行的比赛场景

第四，八旗及内务府三旗轮番检阅，在藩使瞻觐的日子，会令八旗合演。乾隆六十年（1795年）御制《嘉平廿一日幸西苑觐外国诸使之作》（见《清高宗御制诗五集》卷一百）中有注解："于藩使瞻觐之日，又令八旗合演，使远人见之，知予不自图逸。于绳武惠下之忱，常如一日也。"嘉庆二年（1797年）乾隆在《腊八日纪事》（见《清高宗御制诗余集》卷十六）一诗中有一注解："向年于冬至后阅视冰嬉，按照八旗及内府三旗，以次轮阅，率至腊八而遍。因以校艺颁赏，用示颁赏旗兵至意。"

第五，例于腊月二十一命藩部年班等人西苑门入觐，于正月赐宴、赐茶果、行赏赉等。自乾隆二十八年（1763年）后，往往把腊月二十一日定为冰嬉举行的最后一天。这一天入京朝觐的藩部年班会被赐随皇帝一起观看冰嬉。乾隆二十八年，乾隆所作《紫光阁赐宴联句》（见《清高宗御制诗三集》卷二十七）有"午夜且迟陈火戏，液池犹可试冰嬉"的诗句，这是赐宴时赐看冰嬉第一次出现在御制诗之中。乾隆五十三年（1788年）腊月二十一日，御制《嘉平廿一日于西苑觐年班各部并台湾生番示以冰嬉即事得句》（见《清高宗御制诗五集》卷四十二）一诗中体现了冰嬉在恩威并用治理藩部中的作用，其诗写道："贺正近远毕来同，抚谕凭舆言语通。西北新藩称旧仆，东南捕鹿学宾鸿。冰嬉仍寓诘戎训，苑觐都怀奉朔衷。众喜康强颂四得，独深虔巩昊恩蒙。"

偶尔也会在正月举行冰嬉盛典，朝正的藩王也会被赐观看冰嬉。乾隆二十四年（1759年）正月初四，赐朝正藩部年班随阅冰嬉第一次出现在《起居注》之中。这一天的《起居注》记载："上幸瀛台，阅冰嬉。淳叙殿赐蒙古王公台吉并漠咱帕尔等宴。"乾隆对这次恩赐很重视，御制《新正瀛台小宴御前藩王大臣及漠咱帕尔》（见《清高宗御制诗二集》卷八十三）诗："运斗屠维单阏回，顺时行庆合瀛台。千群尚可冰嬉试，三接都教春宴陪。屏翰何妨厕葱岭，欢娱齐说到云来。鹄场晴霭因观射，示远宁徒好乐哉。"赐蒙古王公、台吉及在统一新疆过程中有功的漠咱帕尔等人宴，并一起观看冰嬉表演，显示了清政府对其的恩宠。

第六，乾隆生母孝圣宪皇后去世后，乾隆改"冰嬉"为"冰技"。鉴于冰嬉是"国制"所重，不能随便停止阅视冰嬉，但因在皇太后丧期，只撤掉旌旗。乾隆四十二年（1777年）[1]，乾隆作《观护军冰技行赏诗》（见《清高宗御制诗四集》卷四十三），诗中有"彩徹旌旗遵国制，技仍弓失耀军仪。习劳布惠非无事，要即其中酌用之"的句子。并有注解："常年走队时，按八旗颜色各负小旗，与小弓失相间。今岁因在二十七月之内，尽徹旌旗，唯令持弓失习射云。"

第七，乾隆皇帝传位于嘉庆皇帝之后，乾隆皇帝以太上皇身份，仍然亲自阅视冰嬉。每逢腊月初八和藩使瞻觐之日，太上皇与嘉庆帝一同阅视冰嬉盛典。嘉庆三年（1798年）冬，因太上皇年迈，无法亲临检阅，冰嬉盛典没有举办，但仍照往年赏赉，交该管大臣等均匀分给。嘉庆四年（1799年）正月初三，乾隆去世。因此，乾隆最后一次阅视冰嬉是在嘉庆二年的腊月二十一（1798年2月6日）。

二、冰嬉盛典的规制规程

关于冰嬉盛典的规程制度，吴振棫在《养吉斋丛录》中有一比较详细的描述。[2] 全文如下：

> 冰嬉之制，所以习武行赏。俗谓跑冰鞋。即《金鳌退食笔记》所载西苑冰上掷球之戏，而实不止掷球一事。岁十二月，西苑三海层冰坚冱。于是择令辰，圣驾御冰床临观焉。或五龙亭、或阐福寺、或瀛台等处，无定地。冰鞋以一直条嵌鞋底中，作势一奔，迅如飞羽。始曰抢等。去上御之冰床二三里外，树大纛，众兵咸列。驾既御冰床①，鸣一炮，树纛处

---

1 乾隆四十二年是公历的1777年，因农历和公历之间的差异，农历年末大多是公历第二年年初，此诗很可能作于1778年1月。

2 （清）吴振棫：《养吉斋丛录》，北京：北京古籍出版社，1983年，第158–159页。

亦鸣一炮应之②。于是众兵驰而至，御前侍卫立冰上，抢等者驰近御座，则牵而止之。至有先后，分头等、二等，赏各有差。继曰抢球。兵分左右队，左衣红，右即衣黄。既成列，御前侍卫以一皮球猛踢之，至中队，众兵争抢，得球者复掷，则复抢焉。有此已得球，而彼复夺之者。或坠冰上，复跃起数丈，又遥接之。又继以转龙射球。走队时，按八旗之色，以一人执小旗前导，二人执弓矢随于后。凡执旗者一二百人，执弓矢者倍之，盘旋曲折行冰上。远望之，蜿蜒如龙。将近御座处，设旌门，上悬一球，曰"天球"，下置一球，曰"地球"。转龙之队疾趋至，一射天球，一射地球③。中者赏。复折而出，由原路盘曲而归其队。其最后执旗者一幼童，若以为龙尾也。旧制，八旗兵皆演冰鞋。分日阅看，按等行赏。道光初，惟命内务府三旗预备，后则三旗亦停止。仅给半赏之半而已。

乾隆间，岁奉皇太后观冰嬉。道光间，亦尝奉皇太后观冰嬉。

按：曩时阅冰嬉，若尚在国恤期内，则走队时撤去各色旗，惟用弓矢。又按《冰床联句》诗云：高注旗森攒雉尾，夹趋柄蜿刻龙头。又：檀榻簇笯匡既好，柘檐缬翠盖斯觥。方裀茸燠敷貂座，圆极虚明屏鬝帱。此言御用冰床之制也。又御前蒙古王等，凡至西苑，以赐坐冰床随行。

【原注】①亦曰拕床。②谨案：宣宗御制《观冰嬉》应制诗云：爆竹如累縠，池冰若砥平。又云：冰坚太液镜中边，翠辇行时爆竹宣。盖所鸣为竹爆也。③谨案：宣宗御制《观冰嬉》应制诗云：彩毬（球）连命中，羽笴叠相鸣。又云：鸟翔旗色初分队，鱼贯髇声每应弦。盖所射骲箭也。

要准确理解这段记载，需注意以下三个要点。

第一，吴振棫编纂的《养吉斋丛录》，简明地记述了同治以前政府、宫廷的典章制度和清室的宫殿园苑。[1]作者吴振棫（1790—1870），字仲云，浙江钱塘人。嘉庆十九年（1814年）进士，授编修，道光二年（1822年）任云南大理知府，道光七年（1827年）后曾任山东登州府知府、安徽凤阳府知府、贵州粮储道、贵州按察使、山西、四川布政使。咸丰二年（1852年），历任云南巡抚、四川总督、云贵总督。同治七年（1868年）还乡，同治十年卒。从上述履历看《养吉斋丛录》很可能最终成稿于同治年间，此时冰嬉盛典已停止举办。其所描写的"冰嬉之制"，不是乾隆年间冰嬉盛典鼎盛时期的全貌。另外从"谨案"中"盖所鸣为竹爆也""盖所射鲍箭也"可以看出这是吴振棫的推断，他本人可能没有亲眼见过冰嬉盛典，即使年轻时看过，其记忆已不真切。

第二，吴振棫"称其书为纂，以所录者皆有所本，间有所闻异辞则附为考证。有例外之典，则列举时间与主名。制度先后变化，则述其沿革"[2]。由此可知此书撰写较为严谨，这段"冰嬉之制"可以印证其严谨。如"旧制，八旗兵皆演冰鞋。分日阅看，按等行赏。道光初，惟命内务府三旗预备，后则三旗亦停止""若尚在国恤期内，则走队时撤去各色旗，惟用弓矢"都能找到史料佐证。但其中"转龙射球"项目却没有"述其沿革"，只是记录了某个时期（或某次）的表演方法。另外"仅给半赏之半"的提法笔者尚未发现这种赏赐制度，道光年间《清实录》的记载是"停阅八旗及内务府三旗冰技，仍给半赏"。

第三，此处提出的三个项目"抢等""抢球"和"转龙射球"的名称未在其他清代史料中见过，应是吴氏所创。但其名称与内容非常吻合，故已被当今的很多学者所认可。

---

[1] 鲍正鹄：《养吉斋丛录》点校说明，摘自《养吉斋丛录》，北京：北京古籍出版社，1983年，第1页。

[2] 鲍正鹄：《养吉斋丛录》点校说明，摘自《养吉斋丛录》，北京：北京古籍出版社，1983年，第1页。

自乾隆朝开创冰嬉盛典以来，乾隆朝和嘉庆朝一脉相承。至道光年间，在国家内忧外患的情况，仅保留内务府三旗演冰嬉。后来，连内务府三旗冰嬉也停止表演。吴氏的这段记载，基本准确反映了乾嘉道三朝冰嬉盛典的总体情况。基于前述内容，用现代体育赛事的语言编写了乾隆时期的冰嬉盛典总规程。

乾隆时期冰嬉盛典总规程

（一）主办单位

清乾隆帝国

（二）承办单位

内务府

（三）目的和任务

阅武事、修国俗、行赏赉、显国威

（四）盛典时间和地点

1. 时间：冬至以后，层冰坚冱。八旗轮番检阅，至腊八日阅视完毕。腊八以后，遇藩使瞻觐等大型活动，则八旗合演。每日开始检阅的时间在卯末辰初。

2. 地点：西苑三海（太液池）。具体地点或五龙亭、或阐福寺、或瀛台等处，无定地。

（五）参加单位

八旗及内务府三旗

（六）表演项目

1. 抢等

2. 冰上抢球

3. 转龙射球

以上项目次第进行。

（七）参加办法

1. 各旗自行组织选拔，最终每旗选定二百名。表演人员必须为旗人。选拔出的人员分为左右两翼，左翼镶黄旗、正

▷ 图 5-3　西方人绘制的冰嬉器材天球

李弘:《京华遗韵——版画中的帝都》,北京:中信出版社,2017年,第61页

▽ 图 5-4　《冰嬉图》(局部) 列队参加冰上抢球项目的兵士

(清)金昆、程志道、福隆安绘:《冰嬉图》,故宫博物院藏

第五章 冰嬉盛典的兴衰

白旗、正蓝旗、镶白旗，右翼正黄旗、正红旗、镶红旗、镶蓝旗。每翼头目十二人，于十、冬、腊、正四个月进行集中训练，冬至以后，按指定时间进行表演。

2. 器材。盛典所需器材有冰鞋、弓箭、球架、小旗、天球等，由内务府预备。（图5-3）

3. 服装。各队服装自备，均穿马褂。（图5-4）

（八）奖励

参赛人员均有银两奖励。头等三名各赏银十两，二等三名各赏银八两，三等三名各赏银六两，其余兵丁各赏银四两。

三、宫廷冰嬉的文化内涵

乾隆将冰嬉钦定为国俗。天命十年正月初二（1625年2月8日）努尔哈赤在辽阳城外太子河冰面上的活动、崇德七年（1642年）皇太极在浑河河畔举办的冰上蹴鞠以及康熙年间太液池上的"掷球之戏"都是乾隆将冰嬉称为"国俗"的历史依据。在乾隆眼中，冰嬉不是单纯的冰上活动，而是蕴含深意。正如他在乾隆五十九年（1794年）所作《腊日观冰嬉因咏冰床》一诗的注解中所言："所谓'顺彼月令，以训以赍。勇者特旌，任者均赐。普被曰任，有差曰义。'盖肄武习劳，不忘家法，且寓以行庆施惠，资八旗度岁之计，用普国恩，名为嬉而实关钜典也。"由此可见，冰嬉是一种多元文化融合的国家礼乐制度。

（一）顺彼月令，率循旧典

天人合一哲学思想构建了中华传统文化的主体，儒家经典典籍《礼记》中的《月令》就反映了中国古代天人合一思想，向为古代帝王所遵从。乾隆《御制冰嬉赋》开篇便从时令写起："岁暮星穷，和叔告冬。阴凝北陆，律中黄钟。"其中"岁暮星穷"典出《礼记·月令》:"(季冬之月)日穷于次,月穷于纪,星回于天。""律中黄钟"来自《礼记·月令》:"(仲冬之月)律中黄钟。"该赋还有"占昏危之应宿,值颛顼之司时"等典出《礼记·月令》的文字。所以,乾隆创办冰嬉盛典是其"顺彼月令"的举动,乾隆在御制《太液冰嬉十二韵》开篇写道:"顺时陈国俗,择地试雄观"。

(二)安不忘危,肄武习劳

参加冰嬉表演的是八旗兵丁,在冬天举办由皇帝亲自检阅的冰嬉盛典,可以防止士兵在冬天过于懈怠,保持军队的战斗力。因此乾隆《御制冰嬉赋》中借明朝君王沉溺享乐,导致亡国的教训,指出冰嬉"则岂啻西苑饰红板之柁,温泉设锦鞍之戏而已乎!"赋中的"西苑饰红板之柁"是指天启帝朱由校沉溺于在太液池上乘坐红色的冰床,"温泉设锦鞍之戏"则是指明朝末代崇祯皇帝朱由检沉溺于在玉熙宫饮宴时做过锦水嬉。因此乾隆在赋中强调"安不亡危,旧是式今"。从冰嬉的项目上看,也是和军事训练有很大的关系。如射球项目是"骑射"国俗在冰面上的体现。《清朝文献通考·兵考十四·教阅》记载,顺治七年(1650年)清世祖章皇帝顺治谕:"我朝以武功开国,频年征讨不臣,所至克捷,皆恃骑射。今荷天庥,天下一统,勿以太平而忘武备,尚其益习弓马,务造精良。"雍正五年(1727年),上谕"凡属满洲以骑射为根本,不可专习鸟枪而废弃骑射"[1]。射球项目的弓箭手高速滑过旗门以后,需要转身射挂在旗门上方的天球,这和满洲骑射很相似。冰上抢球项目身体对抗性强,竞争异常激烈,士兵们需要带护膝参加比赛。抢等项目则是考察冰上滑行的速度。

(三)励众施恩,仁义并重

乾隆将冰嬉作为恩赏的手段以解决八旗年终的生计问题。乾隆四十二年(1777年),其生母去世,当年冬天,他仍然没有停止阅视

---

[1] (清)刘锦藻:《清朝文献通考》卷192《兵考十四》,杭州:浙江古籍出版社,1988年。

冰嬉，只是撤掉彩旗，并写诗道出原委："岁暮家家多窘迫，例因冰技沛恩施。"嘉庆元年（1796年），已是太上皇的乾隆在《杂咏》诗中写道："行令嘉平颁赏赉，避寒温室肯安居。"其注解曰："每岁冬至后太液冰坚，八旗分棚掷毬（球）、演射，朕必亲临校阅，按等行赏。每赴西苑，率于卯末辰初之际，虽御暖舆，而晓寒甚冽。然意在惠赐八旗，俾资生计宽裕。如近年于岁底加恩，普赐地租、钱粮等事，有加无已。且此系国朝旧俗，固不肯安居温室，图一己之适也。"乾隆四十四年（1779年）御制《月令七十二候诗有序》注解："国俗有冰嬉之技，每岁冬至后至腊日，于太液池按八旗排日简阅，分等赏赉。既可肄劳习武，兼以励众施恩，诚万年所当遵守之善制也。"乾隆《御制冰嬉赋》中写道："夫其伯仲分，甲乙第。并前行赏，纵后亦逮。勇者特旌，任者均赐。普被曰仁，有差曰义。"充分体现了其励众施恩的思想。对勇武优胜者给以特别的奖赏，其他参与者都给以同样的赏赐。乾隆认为，普遍给予奖赏，这是仁；根据比赛名次有差别进行奖赏，这是义。

（四）柔远示惠，建极绥猷

正月和腊月二十一日让觐见的藩使等人一起观看冰嬉盛典具有典型的政治和外交功能。一方面，可以使其感受到皇帝的恩宠，另一方面，可以显示大清武力，起到震慑作用。冰嬉和木兰秋狝一样，都有怀柔远人、绥化四方的政治功能。乾隆五十年（1785年），兵部侍郎纪昀在御制《千叟宴联句用柏梁体有序》"冬赉冰嬉秋献貂"的注解写道："定制。八旗与内府三旗简习冰嬉之技。每岁冬令，太液镜凝，分棚校阅。掷彩毬（球），设旌门悬的演射，仍按等行赏。御制《冰嬉赋》以旌勇，均赐而归，本于观德之义。又，每岁秋，上幸木兰行围。八旗之旅，期门佽飞之士，大小从公，蒙古札萨克王公、台吉等率所部千二百人随围执役。上亲御弧矢，率先骑射，或用虎神枪。天威神技。有一日殪数虎，射鹿数十者。蒙古王公等互进，诈马宴作什榜以侑食，陈相扑及教跳之技。围毕出鹿柴门，恩赏王公筵宴。下逮蒙古隶役之属，柔远示惠。盖依古三田之制，神而明之，尤为本朝大政。"乾隆六十年（1795年）御制《嘉平廿一日幸西苑觐外国诸使之作》（见《清高宗御制诗五集》卷一百）中有注解："于藩使瞻觐之日，又令八旗合演，使远人见之，知予不自图逸。于绳武惠下之忱，常如一日也。"乾隆二十四年（1759年）御制《新正瀛台小宴御前藩王大臣及漠咱吧尔》（见《清高宗御制诗二集》卷八十三）注解提到，当日除了冰嬉表演，乾隆还亲自射箭，"是日发十五矢，中十三，盖外夷虽宜宴赉厚惠，尤当示之以射猎之事，彼更乐亦畏服"。作于乾隆二十九年（1764年）御制《元正二日紫光阁赐蒙古王公及回部宴即席得句》（见《清高宗御制诗三集》卷三十五）写道："遂试冰嬉千队出，旋歌露湛八音谐。旧藩已似世臣荩，新部胥娴国礼佳。"乾隆五十三年（1788年）御制《嘉平廿一日于西苑觐年班各部并台湾生番示以冰嬉即事得句》（见《清高宗御制诗五集》卷四十二）写道："西北新藩称旧仆，东南捕鹿学宾鸿。冰嬉仍寓诘戎训，苑觐都怀奉朔衷。"

（五）敬天法祖，垂示万世

敬天法祖的传统文化习俗由来已久，在华夏文明中根深蒂固。乾隆腊月初八阅视冰嬉之前例行到大高玄殿、永安寺等地拈香祈福。乾隆二十四年后，例行在腊月初一阅视冰嬉前到阐福寺拈香祈福，乾隆五十八年（1793年）御制《嘉平月朔之作》（见《清高宗御制诗五集》卷八十四）诗中有"阐福佛资力，锡民箕叶畴""冰戏降观待，鞠劳行赏酬"等诗句。乾隆特别重视通过祖宗家法来规范行为，亲自指挥了典制体史书《大清会典》的编纂，并首创《钦定大清会典则例》。他还创编了《钦定宫中现行则例》来规范宫中的行为，御制文、御制诗也经常会提到祖宗家法。乾隆六十年（1795年）御制《洪范九五福之五曰考终命联句有序》（见《清高宗御制诗五集》卷九十三）中有"嬉冰哨鹿庆隆舞，月姊日兄皇地示"的诗句，其注解写道："国朝旧俗有冰嬉之技，每岁冬太液冰坚，八旗分棚掷毬

（球）、演射。上亲临校阅，按等行赏。御制《冰嬉赋》，篇中以旌勇均赐而归，本于观德之义。又己巳岁，御制《哨鹿赋》，序中有皇祖昔喜哨鹿，朕冲龄随侍，习闻其事，年来亦亲试为之，嘉其有合于圣经之语。至癸酉又御制《后哨鹿赋》，申言后法先垂，诰戒习众，不可忘先代遗规之意。至宴飨大礼，所用庆隆舞，则状列祖开剙（创）武功，声容具备，为大乐最盛之奏，御制《新乐府首咏》。是事三者，皆国家旧俗遗风，可以垂示万世。"

第二节 嘉庆道光年间的冰嬉盛典

一、嘉庆年间冰嬉盛典的传承

乾隆六十年（1795年）九月，乾隆的第十五子爱新觉罗·颙琰被正式宣布立为皇太子。第二年（1796年）正月初一，受乾隆帝禅位即帝位，乾隆为太上皇帝，是为嘉庆元年。颙琰虽为皇帝，朝政仍由乾隆掌控。所以每年冬天，嘉庆皇帝都会陪着太上皇一起阅视冰嬉盛典，并仍沿袭乾隆朝的做法将"冰嬉"称为"冰技"。综合《乾隆帝起居注》和《清实录》的记载，可以看出嘉庆朝基本继承了乾隆时期开创的冰嬉盛典，但在冰嬉盛典的具体细节方面有所区别。

从继承方面来看，嘉庆元年和二年乾隆帝在世的时候，冰嬉盛典仍由太上皇亲自阅视，冰嬉盛典完全延续乾隆朝的规制流程。每年的腊月初八，嘉庆"侍太上皇帝幸瀛台，阅冰技"。嘉庆二年十二月丙辰日（腊月廿一，1798年2月6日），嘉庆侍太上皇帝幸瀛台，乾隆命外藩、贡使随至瀛台，一同观看冰嬉盛典。

从区别方面来看，嘉庆三年（1798年）开始，冰嬉盛典因太上皇身体原因停止举行。嘉庆三年，因为太上皇病重，无力阅视冰嬉。

于是，当年腊月二十日（1799年1月25日）嘉庆皇帝勒谕："今岁天气较寒，朕亲理庶务无暇行幸，所有冰鞋行头虽未阅看。伊等究系预备，著加恩仍照向年赏赉，交该管大臣等均匀分给，以示朕轸念穷苦兵丁之至意。"虽然冰嬉盛典停止，但仍按往年标准照常行赏，有序分配赏金。嘉庆四年正月初三（1799年2月7日），乾隆崩逝。嘉庆四年（1799年）十月"命二十七月内停止阅看冰技"，故嘉庆四年、五年均未阅视冰嬉，至嘉庆六年才恢复阅视。在继承乾隆朝冰嬉盛典的同时，嘉庆皇帝还突破了乾隆朝在腊月初八之后停止阅视八旗冰嬉的传统，经常会在腊月初八之后，仍阅视冰嬉。嘉庆九年（1804年），因天暖冰薄，令停止阅看冰嬉，减半赏给八旗兵勇。

嘉庆二十三年（1818年），嘉庆作《腊日未观冰嬉仍命颁赏诗以即事》（见《清仁宗御制诗三集》卷五十六），全诗写道："年前例行赏，普及八旗兵。候暖冰难结，池宽冻未平。习劳练勇力，较射振威声。罢阅仍颁赐，宏敷教养诚。"并注解："每岁仲冬、季冬于西苑太液池分日观八旗冰嬉，约至腊日而毕。其制护膝以苊，牢鞋以韦，或底含双齿，或荐铁如刀。于冰上疾趋竞进，夺毱（球）较射，盖国俗相沿。所以习劳肆武，不可阙也。今岁气候较迟，冰未坚固，未能临阅，仍命颁赏，先养后教，敬承考泽于奕禩（祀），永志弗忘旧典云尔。"此时嘉庆已独立执政近二十年，仍坚持世代不忘旧典，即使是因为天气原因，不能检阅，同样照旧颁赏。

嘉庆朝延续了乾隆朝开创的冰嬉盛典，但活动名称、活动次数、活动时间、活动奖励等方面均与乾隆朝有所区别。活动名称由"冰嬉"转变为"冰技"，一方面是延续乾隆生母去世后乾隆的改称，同时也说明活动的娱乐性功能削弱，制度上的象征功能进一步凸显。从"阅冰技"的次数减少和活动时间更改可知，嘉庆朝的"冰技"活动已不复乾隆朝冰嬉盛典的盛况，延续祖制和象征意味更加浓厚。

二、道光年间冰嬉盛典的延续和终止

嘉庆二十五年（1820年）七月二十五日，嘉庆崩于承德避暑山庄。其子爱新觉罗·旻宁继位，改年号道光。嘉庆帝驾崩后，两年冬天未阅冰嬉，道光二年（1822年）冬天恢复。道光时期，清朝国势日益衰退，与工业革命之后发展起来的西方诸国差距不断拉大。道光初期，冰嬉盛典还能如期举办，但活动规模和影响力明显衰退。道光十一年（1831年）以后，阅视冰技的活动已经很难如期举行，时断时续。根据《清实录》有关记载，道光年间举办"阅视冰技"的历史，大致可以划分为三个阶段。

第一阶段，自道光二年（1822年）至道光七年（1827年），能够较好地传承阅视冰嬉（此时仍称冰嬉为冰技）的制度。除道光四年（1824年）停阅外，每年均阅视五次，且腊月初八必阅。自道光七年开始，最后一天阅视冰嬉由腊月二十二改为腊月二十三（小年）。

第二阶段，道光八年（1828年）至道光十九年（1839年），阅视冰技的活动时断时停。其中。道光八年阅视一次，九年（1829年）停阅，十年（1830年）阅视五次，十一年（1831年）至十三年（1833年）停阅，道光十四年（1834年）至十九年（1839年）仅在小年阅视内务府八旗冰嬉，道光十九年十二月乙酉（1840年1月27日）最后一次阅视冰嬉。

第三阶段，道光十九年（1839年）之后，阅视冰技的活动停止。道光年间，冰技活动走向衰落的颓势已不可避免。早在道光十六年（1836年），清廷已停止大规模阅视八旗冰嬉，仅保留内务府三旗小范围的冰技活动。道光十九年（1839年），清廷最后一次举行内务府三旗冰技表演后，冰技活动不再举行。道光二十年（1840年）至二十二年（1842年）停阅冰技记载在清代官方文献中。道光二十三年（1843年）以后，停阅冰技的记载不再在官方记载中出现。

道光年间，传统王朝帝国走向近代。在内忧外患的背景之下，道光皇帝阅视冰技的活动在挣扎中勉强举行。此时的冰技表演，已经与乾隆朝的冰嬉盛典渐行渐远。道光二十年（1840年），阅视冰技的活动完全停止。冰技活动停止的原因，与清王朝国力衰落，鸦片战争的爆发直接相关。导致道光年间冰嬉盛典消亡的主要原因可以归结为经济、战争、国力等多个方面。

第一，道光年间，西方国家套购白银，大量输入鸦片，对清朝实施经济入侵。这导致国家财政和货币流通受到严重伤害，清廷经费拮据，无力负担阅视冰嬉的财政支出。《清实录》记载，道光九年己丑十二月丙子（1830年1月10日）"以天暖冰薄，停止冰技，仍给半赏"。在同一天，实录中还有这样一些记载：

> 谕军机大臣等：朕闻外洋夷钱，有大髻、小髻、蓬头、蝙蝠、双柱、马剑诸名，在内地行使，不以买货，专以买银，暗中消耗，每一文抵换内地纹银，计折耗二三分。自闽、广、江西、浙江、江苏渐至黄河以南各省，洋钱盛行，凡完纳钱粮及商贾交易，无一不用洋钱……又鸦片流行内地，吸者日众，鬻者愈多，几与火烟相等，耗财伤人，日甚一日。皆由番舶装载鸦片，驶至澳门、厦门等处附近关津停泊。……前因内地间有夷钱掺杂行使，曾经降旨饬禁，然尚不似洋钱行使之多，折耗之甚。至鸦片烟泥，则又以外夷之腐秽，潜耗内地银两。昨据李鸿宾等密陈英吉利请改贸易章程折内，亦经筹议及此。该督等通达治体，深悉积弊，必须将如何截其来路，如何禁其分销，外夷之诡谲不行，内地之销耗胥免，期于言出法随，不致徒为文告故事，有名无实，方为妥善。

上谕中提到的大髻、小髻等都是西方国家的银圆。当时中国人根据图案以俗名称呼这些银圆，其中大髻、小髻是西班牙银圆，蓬头为美国银圆，蝙蝠是指墨西哥鹰洋，双柱是西班牙银圆，马剑是英国银圆。道光皇帝在上谕中也如此称呼，可见当时的清政府的主权货币观念是十分淡薄的。西方国家用银元套购白银，导致国内发生银荒，出现通货膨胀，令清廷财政受到破坏。鸦片的危害更甚，不仅为害国人身体健康，使军队失去战斗力，也导致了更加严重的财政问题。虽然英国与中国之间的贸易受到了以小农经济和家庭手工业为核心的中国经济制度的抵制，但鸦片的输入却严重破坏了中国的财政状况，马克思在《英中条约》中写道："一般来说，人民过高估计了天朝老百姓的需求和购买力，在以小农经济和家庭手工业为核心的当前中国社会经济制度下，谈不上什么大宗进口外国货。尽管如此，只要取消鸦片贸易，中国可以在它对英美贸易大致出超800万英镑这个数字的范围内逐渐地吸收更多的英美商品。这是从分析下面这个简单事实而自然得出的结论：尽管存在贸易顺差，中国的财政和货币流通却因为鸦片输入总额约达700万英镑而陷于严重的破坏状态。"由此可知，导致道光九年（1829年）停阅冰嬉的原因是清廷自身出了问题，"天暖冰薄"只是停阅冰嬉的借口而已。到道光二十年（1840年），贸易危机逐步上升为战争，乾隆开创的冰嬉盛典也在内忧外患中消失。

第二，鸦片战争导致了道光停止阅视冰技，并最终导致乾隆朝开创的冰嬉制度走向瓦解。起初，道光皇帝在汹涌而至的鸦片面前"截其来路""禁其分销"，坚持禁止政策。道光十八年（1838年），道光皇帝更是派湖广总督林则徐为钦差大臣，赴广东查禁鸦片。1838年6月3日，林则徐展开了为期23天的虎门销烟，打击了鸦片贩子的嚣张气焰，维护了民族的尊严和利益。此时的道光皇帝还能每年阅视内务府三旗的冰嬉，最后一次阅视的时间定格在道光十九年腊月二十三（1840年1月27日）。

为了强行打开中国市场大门，道光二十年（1840年）6月，英军舰队开到广东海面，第一次鸦片战争开始。由于林则徐戒备严密，英国舰队沿海北上，攻陷浙江定海，再北上直逼天津，利用机动快速的海军优势打的清廷焦头烂额。道光的态度也从主战转变为主抚，最终妥协。《清实录》记载：癸亥（1842年8月22日）"谕军机大臣等：耆英等奏连日与英夷会议，粗定条约一摺（折）。览奏忿恨之至，朕因亿万生灵所系，实关天下大局，故虽愤闷莫释，不得不勉允所请，藉作一劳永逸之计，非仅为保全江浙两省而然也。"道光二十二年七月二十四日（1842年8月29日），英国强迫清政府签订了中国历史上第一个屈辱的条约——《南京条约》。鸦片战争是中国历史的转折点，道光幻想的"一劳永逸"根本满足不了西方列强的胃口，西方列强向中国大量输出商品和资本，中国自然经济解体。暂时取得"太平"的道光皇帝没有痛定思痛，没有进行伤筋动骨的改革，反而更加落后于世界。

此后，道光朝至光绪朝期间，清廷关于冰技的描述，多停留在纸面上，并无举行冰技活动的有效记录。传承百年的冰嬉盛典，处于有名无实的停滞阶段。乾隆朝至咸丰朝的《清实录》，在纂修凡例中均有"紫禁直宿兵丁、侍卫皮衣银两、巡幸、行围、冰嬉、扫雪、善扑、旗租等赏赉，皆书"的字样。可见，到咸丰年间，清廷官方仍将冰嬉列为赏赉制度，但咸丰朝实录和起居注中均没有阅视冰嬉的记载。此后，同治、光绪两朝的实录中，纂修凡例均改为"巡幸、行围、善扑、旗租等赏赉，皆书"。冰嬉、扫雪，两项已在官方记录中删除，这意味着冰嬉盛典在官方记录中已经终结。

第二次鸦片战争以后，西方列强在天津沿海河开设租界，在北京开设使馆，居住在这里的士兵、外侨、传教士等，将西方的滑冰、冰球等冰上运动传入中国，开启了中国近代冰上运动的历史。（图5-5）

▷ 图5-5
1861年伦敦新闻画报表现的清人冰上游戏

第三节　光绪年间的冰嬉盛典

咸丰十一年（1861年），咸丰皇帝病死，慈禧太后联合恭亲王奕䜣发动了"辛酉政变"，打垮了咸丰"顾命八大臣"势力，与慈安太后共同"垂帘听政"。从此，慈禧太后走向中国的权力中心。在镇压太平天国运动后，清朝暂时度过危机。清廷开展洋务运动进行自救。在学习西方先进生产方式和科学技术的同时，西方现代冰雪运动开始引入中国。随着光绪朝国力的恢复和提升，清王朝原有的冰嬉盛典再次见于历史记载。此时，距离道光年间停办冰技，已经过去了半个世纪。

光绪十九年冬天，冰嬉盛典重新在太液池举办。因为光绪二十年（1894年）是慈禧六旬万寿庆典。光绪十九年，有关慈禧太后万寿庆典的筹备工作陆续展开。目前尚不清楚光绪十九年太液池冰嬉盛典与慈禧太后万寿庆典之间的关系，但从重启冰嬉盛典的时间来看，这次活动应该与慈禧太后个人喜好有关。光绪十九年农历十二月（1894年1月），《申报》分四次记载了本次冰嬉盛典的筹备情况。

"各旗营官兵向有溜冰鞋之戏，凡充此役者例得停止别项差使，专备年终御览，谓之溜冰鞋，官话谓之踏脚齿，盖于脚下制木托，中安铁条一根，由前达后在冰上行走如飞，献出各种玩艺，以备皇上于三海等处阅看。"[1]由于冰嬉大典"自道光咸丰以来，久未举行"，为了恢复这项典制，因此需要从各处招募滑冰水平高的人组建冰嬉表演队，御前大臣便"传谕侍卫处行文八旗满蒙汉各固山亲军前锋、护军内外、火器、健锐等营、圆明园各将娴熟脚齿技艺之官员、弁兵以及养育兵闲散人等果能习演纯熟，即口保送造具清册，咨送本处以凭挑选，各该旗营不准以无人保送塞责咨报"[2]。这些临时抽调的官兵将

---

[1] 《阅看冰鞋》，《申报》1894年1月10日第7445期。

[2] 《阅看冰鞋》，《申报》1894年1月10日第7445期。

在"十、冬、腊、正四个月停止本旗营一切差使",专心进行训练和表演,"每人月给津贴银四两,又可博官衔银物等奖",可谓待遇优厚,因此招募令一下,"内八旗各营及三山各营官兵愿挑此差者,计有一千数百人"[1]。

由于报名人数众多,因此需要进行选拔以成立正式的冰嬉表演队。选拔分为两次,第一次"分传各旗营转令所送冰鞋技艺官兵于十一月十八日(即1893年12月25日)辰刻在地安门外什刹海河内试验。是日验看后择冰上行走娴熟之官兵三百五十名,留备御前大臣订期挑选"[2]。此次挑选是由三旗续办事侍卫执行的,这种挑选制度是旧制,清代奕赓(历经嘉庆、道光、咸丰三朝)在《侍卫琐言》中提道:"三旗冰鞋每年挑选时,例以三旗续办事章京兼班领充当翼长,操去取之权,颇得肥口,数年来冰鞋已撤,不知仍作此肥梦否?"从这段记载可以看出选拔冰鞋是一项肥差。之所以说这是一项肥差,是因为被选中的人才会有机会在御前表演,从而获得奖赏甚至升迁的机会。经过这次选拔,生成了一个350人的大名单,这些人进行短暂的集中训练后,将面临第二次选拔。第二次选拔是在10日之后,此次选拔由"御前大臣庆邸总管、内务府福箴庭相国议定于十一月二十八日(1894年1月4日)辰刻在地安门外什刹海河间拣充,已分咨各旗营传知前经留名备挑之官兵等,于是日前往该处听后挑充"[3]。这次选拔类似于正式表演前的彩排,也称为"验排",一般是在正式表演前几日进行,验排会筛选掉极少量技术差的官兵,最终仍留下300多人组建最终参演的冰嬉队。

最终参演的冰嬉队由"御前头等侍卫讷钦、正白旗侍卫办事章京锡钧任督练官,选派正白旗蒙古印务参领图敏任冰鞋处总办,二等侍卫连泰为帮办,并向内务府查取乾隆时滑冰成案及图册……又指定

---

1 《挑选冰鞋》,《申报》1894年1月14日第7449期。

2 《挑选冰鞋》,《申报》1894年1月14日第7449期。

3 《挑充冰鞋续述》,《申报》1894年1月20日第7455期。

地安门外什刹海作滑冰校场……又命内务府造办处制冰鞋"[1]，新式图册绘制完成后，呈进御览批准后，冰嬉队即按图册进行排练。训练时"仍循旧章分厢黄、正黄、正白三旗练习。大龙、小龙、抢旗、抓行头、射天球、射地球、二龙戏珠等技艺已设立总办，三旗冰鞋处所有应办事件以及领放薪水、制备衣彩等事悉由该处经理。已于西四牌楼南口袋胡同路北租赁房屋为办公之所"[2]。这里所说的厢黄（原文如此）、正黄、正白三旗是指镶黄旗、正黄旗和正白旗内务府三旗，大龙、小龙、抢旗、抓行头、射天球、射地球、二龙戏珠等技艺是冰嬉表演的内容。清代乾隆、嘉庆、道光年间就有类似的内容，但名称不尽相同，比如冰嬉盛典的"转龙射球"，就包含"大龙"和"射天球"两个项目，"抢旗"就是竞速项目"抢等"，"抓行头"就是"冰上抢球"。也有新设的项目，比如"二龙戏珠"就是一种两队对称滑行的项目。除了集体项目，还有单人项目，单人项目表演者一般是精选出来的滑冰高手。（图5-6、图5-7）

冰嬉队于"腊月七日在地安门外十刹海先行操演，教以步作、进退、行止、礼仪。是日，庆邸亲临阅看，以觇娴习。两岸观者如堵墙。所有穿着冰鞋之兵，各穿袍褂，戴以官帽，从冰上游行，捷足争先，各献技能。庆邸大为奖赏。惟有四名冰滑跌折腿骨，延医调治"[3]。另有记载说，冰嬉队"先期于腊月上浣经庆邸率同诸王大臣在地安门外十刹海演习二十余日，各穿冰鞋，溜走如飞。均演得十分熟习，以备阅看"[4]。这两处记载大致可以相互印证，腊月上旬开始，冰嬉队开始为正式的表演进行排练，奕劻曾亲临排练现场，并对排练效果大加赞赏。

---

[1] 文实权：《滑冰为我国固有，昔慈禧太后曾命办大规模冰嬉》，《新民报半月刊》1942年第4卷第7期，第24-25页。

[2] 《练习冰鞋》，《申报》1894年1月31日第7466期。

[3] 《懿赏溜冰》，《益闻录》1894年第1345期。

[4] 《演习溜冰》，《新闻报》1894年2月15日。

▲ 图 5-6 晚清冰嬉队吴桐轩滑冰的场景

1946 年 2 月 25 日，美国 Life 杂志，第 15 页

明清时期的冰雪文化

△ 图 5-7 晚清冰嬉队齐子林滑冰的场景

在选拔人员，按期排练之后，就是光绪朝冰嬉盛典正式表演的日子。从现有材料记载来看，正式表演的日子并非一日。经过这次冰嬉表演队的筹建，慈禧太后和光绪皇帝前后至少有四次阅视了冰嬉，并且阅视的地点也不相同。与乾隆朝冰嬉盛典严格的程序和制度不同，光绪朝前后四次阅视冰嬉，相关报道对活动名称的记载都不尽相同。"冰鞋之戏"的名称使用频率增加，"阅视冰嬉"的说法逐渐减少。

第一次阅视冰嬉是腊月十三日和十四日（1894年1月19日和20日）在中海太液秋风亭，慈禧太后观看冰嬉表演。"至十三、十四两日，奉懿旨驾幸中海太液池秋风亭，懿赏冰鞋之戏。是日，在亭外数武插旗数十面，其有能捷足先行拔旗者作为头等，奖银十金，次者作为二等，奖银八金，再次者作为三等，奖银六金，余均赏青蚨一千文。其时，海旁卖买者利市三倍。"[1]光绪二十年（1894年），《益闻录》刊登福秀珊作《和张久峰冰鞋原韵》，作者在注解中写道："皇太后于中海太液秋风亭看演冰嬉，亭外冰上插旗数面，先拔取者有赏。是日获隽者数人。"[2]

第二次阅视冰嬉是腊月二十四日（1894年1月30日）在南海，慈禧太后与光绪皇帝一同观看表演。按照计划，这一天的表演原定于腊月二十三举行，但因当天下雪，便推迟一天。在农历小年之际阅视冰嬉，寄托了清政府对来年国运昌盛的美好期盼。"客冬十二月二十三日，我皇太后、皇上在南海阅看溜冰鞋。……嗣以届期天降瑞雪，爰改期于二十四日。快雪初晴，不啻粉粧（妆）世界，玉琢河山，驰行于冰天雪海中，愈觉点染有致，可见熙朝景运方隆，宜乎玉龙献瑞，水若效灵也。岂不懿欤？"[3]

第三次阅视冰嬉是某日在北海漪澜堂，仍是慈禧太后与光绪皇帝一同观看表演。文实权，曾参加过此次冰嬉活动的滑冰者，曾口述"自幼便习滑冰，十二岁时曾在慈禧皇太后、光绪皇帝驾前，恭备冰

---

[1] 《懿赏溜冰》，《益闻录》1894年第1345期。

[2] 福秀珊：《和张久峰冰鞋原韵》，《益闻录》1894年第1350期。

[3] 《演习溜冰》，《新闻报》1894年2月15日。

嬉之差"。文实权回忆慈禧太后与光绪皇帝一同阅视冰嬉的场景,被民国年间的期刊记录下来:

> 是日辰刻,光绪恭奉慈禧太后率领皇后及各宫嫔妃、宫女、太监等升漪澜堂之翠照楼(笔者注:应为碧照楼),王大臣传旨开始按图演练。滑冰人员服用的顶翎衣装俱极鲜明,人人抖擞精神,施展技术。当时有汉军旗张氏弟兄,二人合演单独花样,可称艺出群伦,滑走有如生龙活虎。左右翼两条大龙,异常整齐,合散阵式演来备极巧妙,演员虽多,步伐一丝不乱。射天球地球者,亦能人人射中,两宫天颜大悦。滑冰大典自辰初开始至午初方毕。当时太后降旨,所有应差人员,每人颁给荷包一对,包内有金银锞二锭。单演花样者,每人加赏尺头二件。所有应差王大臣以及太监等,是日均着"踏冰靴",此靴式即在靴上绊以皮条,皮条连紧小铁板,板上有小钉二,系此则随便走冰,绝无滑倒之虞。演毕,王大臣率图敏等跪于冰上谢恩,图敏系印务章京,例无花翎,皇太后当时赏戴花翎以奖其能云。[1]

慈禧太后恢复冰嬉盛典,有着深刻的政治考量,其中最主要目的是想通过恢复冰嬉这一乾隆盛世开创的国家庆典,来向世人标榜她统治下的大清帝国开始复兴。近代以来,传统中国在变革与自省中走向现代的历史过程,引起学术界的广泛讨论。冰嬉盛典在光绪朝重启的过程,其实饱含着清廷国家主权危机之下,官方希望通过具有"自我认同"意识的国家庆典活动,来达到宣誓"国家主权"的目的。这是中国近代民族主义思潮在国家庆典层面的表现。与这一思潮相对应的是传统冰嬉盛典,被赋予了振兴王朝、弘扬民族文化的时代意义。费

---

[1] 文实权:《滑冰为我国固有,昔慈禧太后曾命办大规模冰嬉》,《新民报半月刊》1942年第4卷第7期,第24–25页。

正清（John King Fairbank）曾用"冲击-回应"模式来解释近代中国社会的变化发展。[1]他在《美国与中国》一书中，将中国近现代历史看作是传统中国向现代中国逐步演进的过程。在这一转变过程中，中国文化已经形成自身的传统，并具有高度的文化稳定性。[2]冰嬉盛典在光绪朝的重现，可以看作晚清政府对西方列强"冲击"的一种"回应"。光绪朝的冰嬉盛典，是从王朝国家的角度，考虑中国社会内部的演进历史发展的经典实例。

1893年《益闻录》第1331期《募溜冰鞋》这样报道此次招募冰嬉队员活动：

> 乾嘉时于冬日沍寒之候，有溜冰鞋之戏，事虽游玩，而习武练勇之法寓其中，恍效滹沱之渡，居然罗袜之凌，革履木靸履冰滑行，相沿故事。迨道光年此举裁撤，恐蹈春薄之祸，今届旗营各宪以技宜豫习不可遂致生疏，故近日传令各弁兵等有能溜冰鞋者速出报名，以备听候定期演练，其中有技艺纯熟往来行驶如履平地者，赏以皮袄及尺头、绸卷等件，以示鼓励。国家求才不遗兔置诚哉，王道之隆也。[3]

这篇报道以"春薄之祸"这样简单的借口描述了道光年间裁撤冰嬉的原因，未免太过敷衍。而报道评价此次招募冰鞋体现了"国家求才不遗兔置诚哉，王道之隆也"，这样评价当然有阿谀之嫌，但从一个侧面体现了举办冰嬉盛典是走向没落的清王朝显示其"王道之隆"的手段。另外，举办冰嬉盛典也是宫廷，特别是慈禧个人的娱乐需要，冰嬉初创时期的"阅武事"功能已没有实际意义。取而代之的是，冰嬉盛典对传统中国"自我认同"的塑造对"振兴中华"思想的强化。因此，这个时期的冰嬉盛典的功能可归结为：宣王道、娱圣

---

1 ［美］费正清：《中国：传统与变迁》，张沛译，北京：世界知识出版社，2002年。
2 ［美］费正清：《美国与中国》，张理京译，北京：世界知识出版社，2008年。
3 《募溜冰鞋》，《益闻录》1893年第1331期。

目、行赏赉。其中,"宣王道"是冰嬉盛典举行最重要的作用。

然而,这场冰嬉盛典体现的"王道之隆"在甲午战争中彻底走向幻灭,光绪二十年(1894年)中日甲午战争爆发,作为洋务运动军事方面最高成果的北洋海军覆灭。清朝从此一蹶不振,与清王朝盛衰相伴的冰嬉盛典也随之消亡。清朝灭亡以后,一些曾经在冰鞋处供职的人员会被邀请参加一些表演活动,1918年《京话日报》刊发《冰鞋赛会》消息:"中央公园因时届新年,定由元旦日起,柬约前清冰鞋处人员,在该园御河溜冰赛会三日,昨已发给赛会人员入门券,以便入会比赛。"[1](图5-8)此时,距离光绪朝的冰嬉活动又过去了20多年,清代冰鞋处的遗老们,仿佛再次看到当年冰嬉盛典的样子(图5-9)。

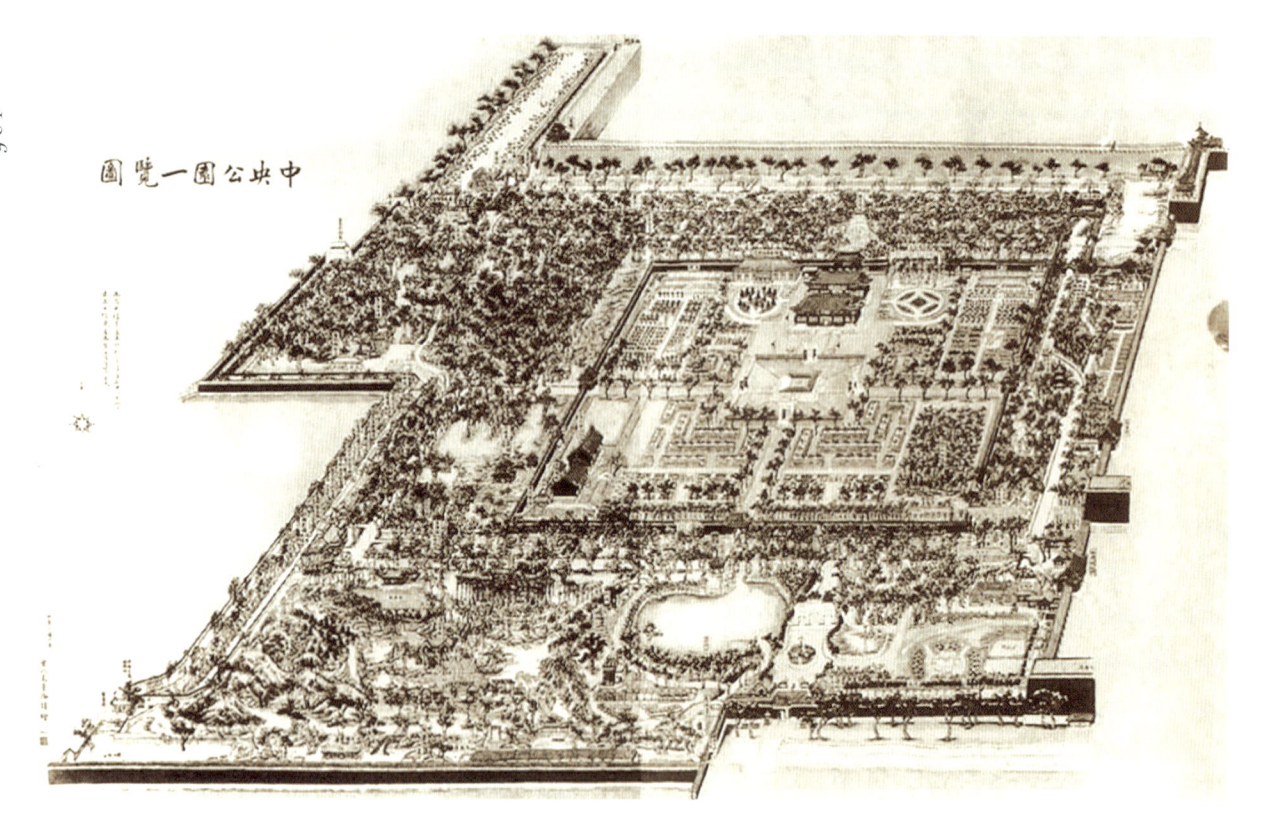

▲ 图5-8 《中央公园一览图》
此图为1926年北京中央公园一览图。中央公园始建于1914年,原为皇宫社稷坛,属于皇城的一部分。民国年间,开辟为公园,供民游憩

---

1 《冰鞋赛会》,《京话日报》1918年第2586号第三版。

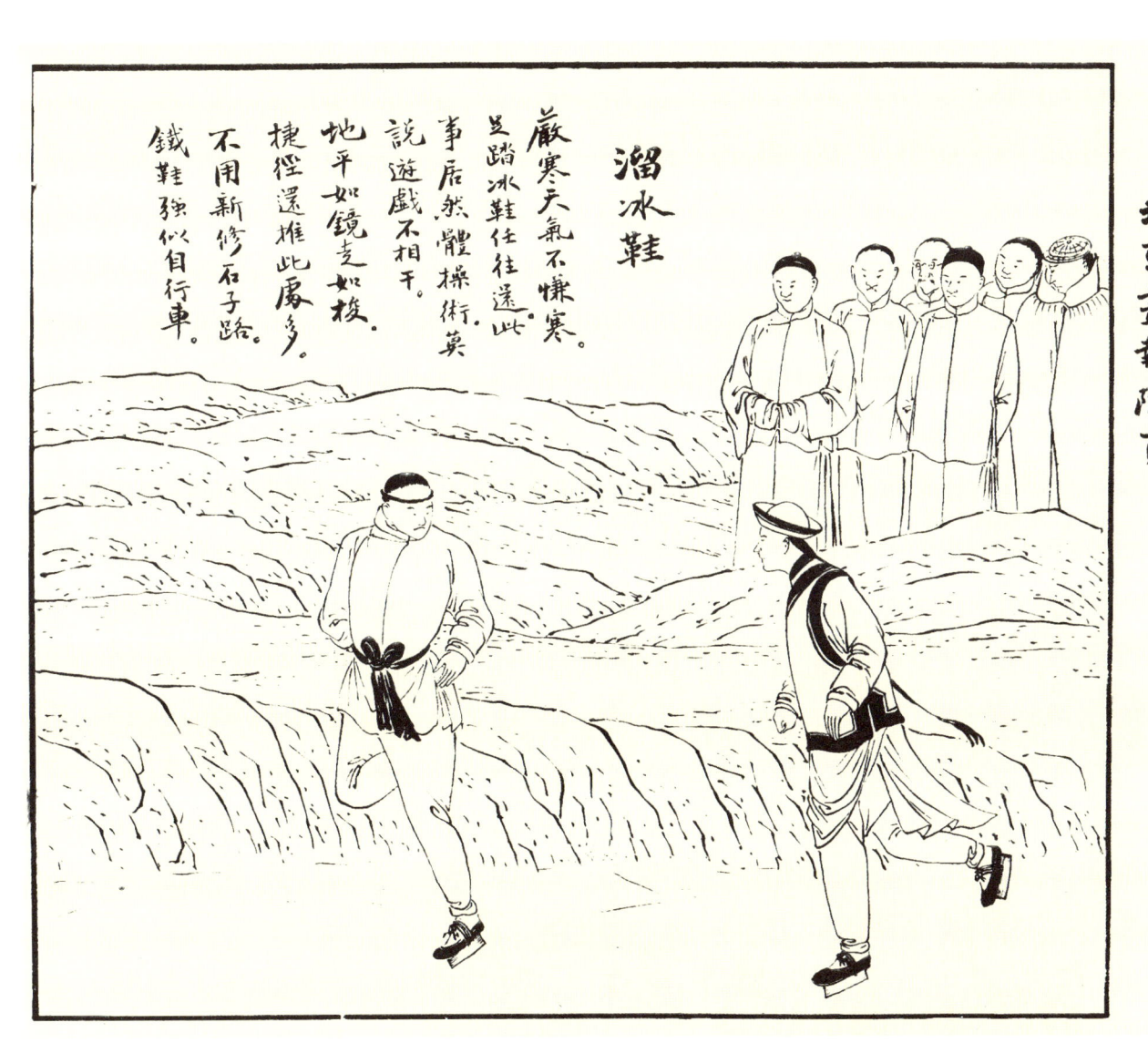

△ 图 5-9 1906年《北京画报》附页：溜冰鞋

第六章
西方现代冰上运动的传入

西方现代冰上运动的传入始于第二次鸦片战争后天津被迫开埠以后。咸丰十年（1860年）8月，英法联军攻克天津，并继续进犯北京，火烧圆明园，逼迫清政府签订了《北京条约》，天津被辟为商埠。同年，英国、法国、美国率先在天津设立租界，之后德国、日本、俄国、意大利、比利时和奥匈帝国也来抢地盘建租界。为便于交通运输，各国租界均沿海河划定。租界设立后，这些国家修筑码头、洋楼，传教士在各地租买土地兴建教堂。同治九年（1870年）"天津教案"发生后的6月24日，英国、德国、美国的战舰驶入租界，以

◁ 图6-1 《冬天停靠在天津的外国战舰》
1883年9月29日，《伦敦新闻画报》（*The Illustrated London News*）刊登《冬天停靠在天津的外国战舰》（Foreign gun-boats laid up in winter at Tien-tsin, North China）

武力强迫清政府惩处反洋义士。经过此事，西方列强的战舰经常停靠在这里以庇护侨民的安全。

1883年9月29日，《伦敦新闻画报》（The Illustrated London News）刊登了一幅题为《冬日停靠在天津的外国战舰》的速写（图6-1），这幅速写是一位到中国旅行的英国画师根据1880年冬天在天津的见闻绘制的。画面中三艘战舰自左至右分别来自德国、英国和美国，有两人正背着大捆的稻草走向战舰，由于天气寒冷，这些战舰需要中国苦力运送稻草保护甲板。冰河之上有冰床来往，有的在运送乘客，有的在运送货物。冰面上不乏滑冰的人，有外国人也有中国人，有双人滑也有单人滑，有滑的灵活自如的也有初学摔倒的。这幅速写是晚清时期中国传统文化和西方文化冲突与融合的写照，旧时天津称滑冰为"跑凌鞋"，《津门杂记》中记载"有所谓跑凌鞋者，履下包以滑铁，游行冰上为戏，两足如飞，缓疾自然，纵横如意，不致倾跌，寓津洋人亦乐为之，藉以舒畅气血，甚妙"。《津门杂记》初刻于光绪十年（1884年），作者张焘，书中关于滑冰的这段记载和这幅速写中滑冰的场景是比较吻合的。

到19世纪末期，随着侨民人数的增加，冰上运动成为天津、北京地区西方侨民在冬天里重要的体育活动（图6-2、图6-3）。有记载称1895年英租界工部局在天津的英租界运动场成立了天津滑冰俱乐部（Tientsin Skating Club），1905年1月天津的英美侨民发起成立了"天津冰球俱乐部（Tientsin Ice Hockey Club）"，1906年，驻扎在北京的美国海军陆战队和北京基督青年会成立了"北京冰球俱乐部（Peking Ice Hockey Club）"。1925年，天津印字馆出版了雷穆森（Otto Durham Rasmussen）根据他在天津生活和任职期间的见闻写成了《天津插图本史纲》（Tientsin: An Illustrated Outline History）一书，全书用英文写成，配发有170余幅照片。雷穆森是英国人，曾在天津《华北商业》《华北明星报》《远东泰晤士报》等外媒中担任编辑和记者等职，同时他还是一位冰球运动的好手。根据此书编译而成的《天津租界史（插图本）》中记载："天津冰球俱乐部（Tientsin Ice Hockey

△ 图6-2　北京怡和洋行的克洛宁船长及夫人准备出门滑冰

圣诞节的早晨，北京怡和洋行的克洛宁船长及夫人准备出门滑冰。Marshall Everett：Startling experiences in the three wars: War in China, The Phlippins, South Africa，1900

▽ 图6-3　北京俱乐部滑冰场

1900年《伦敦新闻画报》登载的被义和团烧毁的北京俱乐部滑冰场。Skating Rink at Peking Club, Burnt Down by the Boxers. *The Illustrated London News*, Aug. 18, 1900

Club）于1905年在宝士徒道（今营口道）靠近土围墙那头的一个结冰的池塘上举行了第一次真正的比赛。比赛进行了一个小时才结束了半场比赛，比分为1∶0……1906年开始在北京举行埠际比赛，但是比赛结果未见记载。其后，每年都举行本埠赛和埠际赛。"[1]这两家俱乐部自1906年开始每年举办埠际冰球比赛，一直持续到1936年。

1904年日俄战争后，日本取得了南满铁路和旅顺、大连的租界权。"1908年1月3日，由南满铁路株式会社大连事务所发起，在大连北公园成立了大连冰滑俱乐部。……冰上运动由此又传入东北南满。……在大连冰滑俱乐部成立不久，俄国人卡拉巴诺夫斯基（Карабановский）又于1909年在哈尔滨市南岗大直街125号购地3200平方米修建了一座运动场，成立了滑冰和网球俱乐部。……至此，冰上运动又传入北满。"[2]

哈佛大学历史学博士徐国琦认为，甲午中日战争以后，"中国才开始将体格训练和公共卫生与国民命运联系起来"。清末义和团运动"标志着新趋势的形成，即体格教育逐渐与中国民族认同感相关联"。严复、梁启超等人呼吁学习西方的体育，"对西方体育的兴趣与他们对中国国家命运的反思直接相关"[3]。正是在这种对国家命运反思的大背景下，西方体育项目得到了认同，不少运动项目得以在中国传播和推广。大多数体育项目，如足球、板球、网球、田径、棒球、篮球、冰球等等，在中国没有开展过，是地道的"舶来品"，而滑冰运动在平津地区早已有之。虽然中国的滑冰历史并不输于西方，但西方人拥有质量更好的冰鞋、更高的技术和比赛规则，这些冲击了本土滑冰运动个体、分散、自发的状态，客观上开启了近代冰上运动在中国发展的大门。到20世纪30年代，逐步形成了以历史传承性、爱国自强

---

[1] 雷穆森（O. D. Rasmussen）：《天津租界史（插图本）》，许逸凡、赵地译，天津：天津人民出版社，2009年，第264页。

[2] 徐文东、朱志强主编：《中国冬季运动史》，北京：人民体育出版社，2006年，第26页。

[3] 徐国琦：《奥林匹克之梦：中国与体育（1895—2008）》，崔肇玉译，广州：广东人民出版社，2019年，第19-20页。

△ 图6-4　1890年左右英国式冰刀

冰刀上刻有"Marsden Brothers, Bridge Street, Sheffield Special Appointment to Her Majesty"字样，意为：谢菲尔德布里奇街马斯登兄弟公司特别任命为女王陛下制造商

▽ 图6-5　19世纪50年代美国冰鞋

后　记

郭磊先生和我关于明清冰雪文化的选题，开始于2017年冬日北海太液池边的一次见面。当时，致力于宣传冰嬉运动的北海冰嬉队队长祝永帅先生，邀请我们观看冰嬉队正在复原的冰嬉动作。北海公园内游人往来如织，大家被冰嬉队的表演吸引，纷纷驻足观看。可是，当我们聊到清代冰嬉的历史时，却很难串联起一条清晰的线索。作为清代最盛大的冬季国家庆典活动，清晰地梳理冰嬉发展历史和文化内涵，是非常必要的。2015至2022年，是北京2022年冬奥会的筹备期，如何在传统文化中发掘冰雪文化的历史，树立文化自信，讲好中国故事，是我们必须要做的事。就这样，郭老师和我开始分头行动，爬梳文献中有关明清冰雪文化的点滴记载。以乾隆十年（1745年）为界，郭老师梳理冰嬉盛典形成之后的历史，我梳理冰嬉起源的历史和冰嬉盛典的制度内涵。

郭老师在体育界深耕多年。出于兴趣爱好，郭老师还特别专注于体育史和体育收藏。正因为如此，他虽未接受过历史专业的专门训练，却对各类体育文化，特别是冬季体育项目的历史文化心存执念，兴趣浓厚。需要承认的是，明清冰雪运动与冰雪文化并不是历史研究者关注的重点，所以，我们的资料收集工作，几乎是从零开始。我们翻遍了《清实录》《起居注》《满文老档》等传统文献，还查找了清代宫廷画、清末民初报纸、外国人的所见记录和拍摄照片等。在冰嬉文献的爬梳过程中，每当发现新的资料，郭老师都大为欣喜，并将所获心得与我分享，使我受益颇多。2018年全年，郭老师和我将大部分精力都用在明清冰雪文化的研究之中。在这本小书即将完成之际，我向郭老师给予我在写作上的帮助，深表感谢。

2019年，清华大学张小军先生邀请郭老师和我参与北京市冰雪文化研究的课题，希望能围绕中国古代的冰雪文化，写作一套图文兼具的学术作品，纳入《中华冰雪文化图典》丛书。我们欣然受邀，并在原有明清冰床、冰嬉研究的基础上，整理一本关于明清冰雪文化的小书，同时加入一些图像资料，用来丰富全书内容。时至今日，距离领受小书写作的任务已近一年，小书的写作工作也接近尾声。在此，感谢张小军老师在小书写作过程中多次耐心的指导。

今年的冰雪季，北京异常寒冷。寒冷的天气并未给京城带来一场可供人们玩耍嬉戏的降雪，但北海公园的冰面已经悄然等待着即将上冰的人们。在庚子年即将结束的时刻，我们暗暗期盼，期盼着肆虐全球的疫情赶紧结束，也期盼着承载着国人冰雪梦想的冬奥会顺利召开。

任映霏

庚子年冬月于京西寓所